BASTEI
LÜBBE

Ulrike Müller-Kaspar

ALLTAGS HEXEREIEN

Kleiner Zauber
für Haus und Büro

BASTEI
LÜBBE

BASTEI LÜBBE TASCHENBUCH
Band 66397

1. Auflage: Dezember 2004

Für Kristina, Lea, Sabrina und Rosalinde.
Danke für eure magischen Tipps und eure Hilfe.

Vollständige Taschenbuchausgabe

Bastei Lübbe Taschenbücher ist ein Imprint
der Verlagsgruppe Lübbe

Lizenzausgabe: Verlagsgruppe Lübbe GmbH & Co. KG,
Bergisch Gladbach
Titelbild: Royalty-Free/CORBIS
Einbandgestaltung: Bianca Sebastian
Satz: Die Textwerkstatt, Wien
Druck und Verarbeitung: GGP Media GmbH, Pößneck
Printed in Germany
ISBN 3-404-66397-7

Sie finden uns im Internet unter
www.luebbe.de

Der Preis dieses Bandes versteht sich einschließlich
der gesetzlichen Mehrwertsteuer.

Inhalt

Über dieses Buch

Seit es Menschen gibt, gibt es Ängste und Wünsche. Und seit es Menschen gibt, gibt es Maßnahmen, mit denen Menschen ihre Ängste besiegen und ihre Wünsche erfüllen möchten. Diese Maßnahmen sind zum Teil ganz rational: Die Angst vor Überfällen im Dunkeln etwa führte in manchen Städten schon sehr früh zur Installation einer Straßenbeleuchtung. Oft sind diese Maßnahmen aber scheinbar irrational. Dann ordnen wir sie dem Aberglauben oder der Magie zu, je nachdem, ob sie defensiver oder aktiver Natur sind.

Defensive Schutzmaßnahmen werden im Aberglauben zusammengefasst. Sie haben zum Ziel, alles zu vermeiden, was irgendein Unheil auslösen könnte. Ein klassisches Beispiel ist Folgendes: Sie hoffen, dass Ihr Kind groß und stark wird. Wenn jemand genau dies verschreit (indem er sagt: „Dein Kind wird sicher groß und stark werden!“), klopfen Sie dreimal auf Holz und murmeln „Unberufen“, um den Neid der Götter in Gestalt eines Unheils abzuwehren. In diesem Fall macht ein anderer – das Schicksal oder in diesem Fall die wohlmeinende Person – den ersten Schritt, und Sie reagieren darauf.

Die aktive Form des Umgangs mit Ängsten und Wünschen führt in das weite Feld der Magie. Schutzzauber haben das Ziel, den eigenen Lebensbereich davor zu bewahren, dass irgendein Unheil ihn stören kann. Um beim vorigen Beispiel zu bleiben: Wenn Sie sich wünschen, dass Ihr Kind groß und stark wird, umgeben Sie es mit einem Schutzkreis oder geben ihm einen Talisman, ein Amulett, einen Schutzengel an die Seite oder werden auf ähnliche Art aktiv, um für seine Sicherheit zu sorgen. In diesem Fall sind Sie es, der den ersten Schritt unternimmt.

Der Aberglaube, der vor allerlei Unheil schützt, ist für die meisten Menschen kein Problem. Es kann nicht schaden, wenn man auf Holz klopft, also tun wir es – rein sicherheitshalber, auch ohne daran zu glauben. Etwas anderes ist es, selbst magisch aktiv zu werden. Da ist zum einen das Gefühl, etwas Komisches oder Albernes zu tun, wenn wir magisch handeln. Viele von uns scheuen aber auch davor zurück, aktiv zu werden, weil sie sich vor den Folgen ihrer Handlungen fürchten.

Andere dagegen begehen laufend magische Handlungen, ohne sich dessen bewusst zu sein. Viele Wunsch-, Schutz- und Abwehrzauber haben sich in unseren Alltag so unauffällig eingefügt, dass sie uns bestens vertraut sind und wir uns gar nichts dabei denken, wenn wir sie ausüben. Ein Beispiel: Haben Sie nicht auch einen Stift für besondere Anlässe? Vielleicht ist es der Füller, den Sie zum Abitur oder Examen geschenkt bekommen haben, vielleicht der Kugelschreiber, den Sie bei einem Seminar erhalten haben, das für Sie besonders wichtig wurde, vielleicht hat Ihr Stift aber auch eine ganz andere Geschichte. Worauf es allein ankommt: Es ist ein ganz besonderer Stift. Und den verwenden wir, wenn es darum geht, wichtige Dinge zu verfassen oder zu unterschreiben. Damit verbinden wir – ohne uns dessen bewusst zu sein – den Wunsch, er möge seine besondere Kraft auf dieses Schriftstück übertragen, dafür sorgen, dass der Brief gut aufgenommen wird, dass der Vertrag gegengezeichnet wird oder zu einem wirtschaftlichen Erfolg führt.

In diesem Buch geht es um Schutz- und Wunschzauber im Alltag. Also um Zauber, die in unserem Alltag ihren festen Platz haben, Zauber, die leicht und ohne großen Aufwand durchgeführt werden können – vertraute und neue. Viele haben nichts mit Hokuspokus oder mit Magie zu tun, wie wir sie aus den Märchen kennen.

Lassen Sie sich überraschen und zaubern Sie mit! Sie tun es höchstwahrscheinlich sowieso längst, ohne es zu wissen.

Magie und Zauber: Eine Einführung

Magie hat sehr viel damit zu tun, etwas zu machen, zu vermögen, Macht auszuüben. Auf einen sehr einfachen Nenner gebracht, heißt das: Magie ist, wenn wir unser Leben selbst in die Hand nehmen, gegen alle Widerstände und Ängste. Das sagt sich so leicht. Widerstände muss fast jeder überwinden, der ein Ziel erreichen möchte, und Ängste sind das, was jeder von uns in sich trägt.

Ist Magie also heute Privatsache und eine Spielerei? Warum aber wurden dann Hunderttausende unter dem Vorwurf der Magie verhört, gefoltert und hingerichtet? Was war oder ist das Brisante an Magie?

Der Vorwurf, der der Magie gemacht wurde und wird, ist, dass sie die herrschenden Grenzen überschreitet. Diese Grenzen wandelten sich im Laufe der Zeit: In der Renaissance war es noch die Grenze des Bibelwissens. Wer sie überschritt, dem drohte der Scheiterhaufen – Hexen, Theologen und Naturforschern gleichermaßen. Wer Fragen, die ihn interessierten, anders beantwortete als die Bibel, wer überhaupt Fragen aufwarf, auf die die Bibel keine Antwort wusste, lief Gefahr, der Inquisition zum Opfer zu fallen.

Dazu kamen gesellschaftliche Grenzen. Diese betrafen vor allem Frauen. Eine Frau, die sich vor nichts und niemandem fürchtete, die Fremde beherbergte und womöglich sogar fröhlich war, wenn andere dazu keinen Grund sahen, wurde leicht zum Außenseiter. Aber nicht nur Frauen, sondern jeder Mensch, der allein lebte, lief nach Ansicht der Theologen Gefahr, ein Opfer des Teufels und seiner Einflüsterungen zu werden, und wurde so ebenfalls ein Fall für die Inquisition. Frauen, die als Hebammen arbeiteten (auf dem Lande damals die einzige Form ärztlicher Versorgung) bekamen im Rahmen ihres Berufes auch mit Leben und Tod zu tun; sie wurden immer wieder verdächtigt, dem lieben Gott ins Handwerk zu pfuschen, und ebenfalls vor die Inquisition gezerrt.

Magie ist traditionell keineswegs reine Frauensache. Auch männliche Magier waren gefürchtet und wurden von der Inquisition verfolgt. Der Vorwurf, Magie zu betreiben, traf außer den Hebammen so unterschiedliche Stände und Berufe wie Naturforscher, Mönche, Priester oder Philosophen.

Männerdenken – Frauendenken

Heute scheint Magie vorwiegend in weiblicher Hand zu liegen. Hexen aller Art treten an die Öffentlichkeit und beschreiben ihre Rituale, und Hexenzirkel vermitteln im Internet jedem den Zugang zu den unterschiedlichsten Formen von Magie.

Dass die meisten Vertreter der Magie in der Öffentlichkeit heute Frauen sind, lässt sich vielleicht mit der Art von Grenzen erklären, die sie überschreiten: Heute sind es nicht mehr die Grenzen des Bibelwissens oder gesellschaftlicher Konventionen, die es zu respektieren gilt: Heute ist die Arbeit von Naturwissenschaftlern und Philosophen gesellschaftlich anerkannt, Hebammen üben ihren Beruf unangefochten und meist im Rahmen der schulmedizinischen Grenzen aus. Nein, heute sind es subtilere, aber nicht minder brisante Grenzen, die wir überschreiten, wenn wir Magie betreiben: die Grenzen unseres rationalen Denkens.

Die Redewendung von der „weiblichen Logik“ hat ihre Berechtigung. Weibliche Logik, die viel mehr, auch scheinbar irrelevante Informationen einbezieht, führt oft genug zu anderen Wahrnehmungen, Entscheidungen, Beurteilungen als die klassische männliche Logik. Beide sind nicht von der Hand zu weisen, doch während Frauen in der Regel keine

Probleme damit haben, die Einsichten und Erkenntnisse nachzuvollziehen, die auf der Basis der männlichen Logik gewonnen wurden, können viele Männer der typischen Frauenlogik nicht viel abgewinnen. Daran ändert es auch nichts, wenn sie mit „weibliche Intuition“ oder „sechster Sinn“ umschrieben wird. Die Ergebnisse weiblicher Logik scheinen für einen Mann nicht selten die Grenzen unseres rationalen Denkens zu überschreiten.

Eine dieser Grenzen ist unsere kausale Logik. Für einen eingefleischten Naturwissenschaftler ist es nicht nachvollziehbar, wieso die Verwendung eines besonderen Stifts dazu beitragen soll, dass ein Vertrag Früchte trägt. Er hat gelernt, dass jede Wirkung eine Ursache hat, die mit ihr in kausalem Zusammenhang steht. Weil ich auf den Lichtschalter drücke, wird es hell. Weil ich eine bestimmte Tablette nehme, verschwinden meine Kopfschmerzen. Aber: Weil ich den Vertrag mit dem Stift unterzeichne, den mir mein Vater zur bestandenen Meisterprüfung geschenkt hat, wird er Früchte tragen? Das klingt für den Naturwissenschaftler nach Unsinn. (Allerdings hindert dieses Wissen auch eingefleischte Naturwissenschaftler nicht daran, wichtige Verträge mit einem besonderen Stift zu unterschreiben.)

Eine Alternative zur kausalen Logik ist die analoge. Die analoge Logik ist die Grundlage des astrologischen Weltbildes, des Mondkalenders und vieler anderer Welterklärungssysteme und gibt Anlass zu mannigfaltigen Verwirrungen, wo sie mit kausaler Logik verwechselt wird. Sie arbeitet mit Formulierungen wie „ebenso wie …“ – zum Beispiel: Ebenso wie ich diesen Stein wegwerfe, werfe ich zugleich meine Sorgen fort. Oder: Ich rühre den Honig im Hustentee links herum denn er soll etwas lösen, ebenso wie ich eine Schraube links herum drehe, um sie zu lösen. – Viele Alltagszaubereien beruhen auf der analogen Logik.

Eine andere Grenze unseres rationalen Denkens ist die Einheit von Zeit und Raum. Wir leben in der Gegenwart. Wir lernen aus der Vergangenheit. Dass es noch eine Gegenwart neben der vertrauten geben soll, aus der wir Antworten auf wichtige Fragen ziehen können, dass wir in die Zukunft sehen können, scheint damit nicht vereinbar.

Haben Sie es schon einmal erlebt, dass Ihnen eine „innere Stimme" etwas sagte, Sie vor etwas warnte oder Ihnen zu etwas riet, das dann für Ihr Leben sehr wichtig wurde? Viele Seminare lehren Wege, mit dieser inneren Stimme oder der anderen Wirklichkeit in Kontakt zu treten. Manager werden ermutigt, ihrem ersten Eindruck zu folgen, Frauen werden darin bestärkt, wieder mehr auf ihren Bauch zu hören – Irrationales ist nicht länger verpönt, sondern gewinnt als zusätzliche Informationsquelle oder Orientierungshilfe zunehmend an Bedeutung. Woher diese innere Stimme kommt, woher sie „weiß", was für uns richtig ist, wird mit Begriffen erklärt oder umschrieben, die vom „eigenen Unterbewusstsein" bis zum „morphogenetischen Feld" reichen, je nachdem, welcher religiösen, wissenschaftlichen oder ethischen Tradition der Erklärende verpflichtet ist.

Schweift der Blick in die Zukunft oder in die Vergangenheit, so sind es die Grenzen der Zeit, die überschritten werden. Hellseher oder Wahrsager tun das ständig, wenn sie versuchen, für ihre Klienten Informationen aus der Zukunft oder auch aus der Vergangenheit zu bekommen. Die Hilfsmittel, derer sie sich dabei bedienen, sind äußerst vielfältig: Visionen optischer oder akustischer Art verbinden sich mit Kartenlegen, der Deutung der Handlinien oder dem Lesen des Kaffeesatzes, um nur einige Möglichkeiten zu nennen.

Tatsache bleibt: Gar nicht so selten erhalten wir Einsichten und Gewissheiten, die die Grenzen unserer Welt des rationalen Denkens überschreiten. Dieser Prozess spielt sich auf einer in beiden Richtungen befahrbaren „Straße" ab. Wir können aus der Welt jenseits der Rationalität nicht nur empfangen, wir können auch in sie hinein senden, wirken, aktiv werden – mit Hilfe der Magie.

„Aber sonst geht's dir gut?!"

Nicht nur die Grenzen, die wir überschreiten, wenn wir Zauber anwenden, auch die Strafen dafür haben sich im Laufe der Jahrhunderte gewandelt: Heute droht dafür nicht mehr der Scheiterhaufen, sondern vielleicht ein mildes Lächeln („Ja, ja, spinn' du nur weiter …"), der Zeigefinger an der Stirn („Bei dir piept's wohl!"), möglicherweise auch Mobbing oder einfach blankes Unverständnis („Das meinst du hoffentlich nicht ernst!"). Diese Reaktionen gehören zum Wesen der Magie wie der Blitz zum Gewitter. Charakteristisch für magische Handlungen ist, dass ihr Sinn, ihre Funktion nicht verstanden werden kann, wenn man sie mit den Kriterien der klassischen, rationalen „Männerlogik" beurteilt.

Ist Magie also doch Frauensache? Einiges spricht dafür. Doch weder magische Handlungen noch deren Verstehen sind auf Frauen beschränkt. Immer mehr Männer lassen ihre Intuition zu oder üben sich darin, auf ihre ersten Eindrücke zu hören, immer mehr Männer spüren und akzeptieren, dass es mehr gibt als das, was man anfassen und messen kann. Manche Männer leben mit diesem Wissen als Teil ihres Berufs: Priester etwa – so ketzerisch das für einen Katholiken zunächst klingen mag. Besonders stark war dieser Eindruck, als die Messe noch in lateinischer Sprache gefeiert wurde. Menschen, die des Lateinischen nicht mächtig waren, beschrieben das Handeln des Priesters bei der Wandlung als Hokuspokus – das war das, was ihnen vom „Hoc est corpus meum" des Abendmahlsritus im Gedächtnis blieb. Denn auch bei der Wandlung – der Verwandlung von Brot und Wein in Leib und Blut Jesu – zeigen die Worte und dazugehörigen Gesten keine rational nachweisbare Wirkung.

Wie das Beispiel vom „Hokuspokus" des Priesters lehrt, ist es das gesellschaftliche Umfeld, das bestimmt, ob eine rituelle Handlung verstanden oder verlacht wird, ob sie akzeptiert oder bekämpft wird – das gilt sowohl für ein religiöses wie für ein magisches Ritual. Die Unterscheidung zwischen religiös und magisch ist ähnlich wie die zwischen Glaube und Aberglaube: So wie Aberglaube der Glaube „der anderen“ ist, sind deren Rituale nicht Religion, sondern Magie. Zum Umgang mit religiösen Dissidenten, Ketzern oder Heiden gehört offenbar, dass man ihre Rituale als magisch diffamiert.

Heute bleibt von der Diffamierung, der Magie betreibende Menschen früher ausgesetzt waren, meist nur das Gefühl, ein von niemandem verstandener Außenseiter zu sein. Dies ist ein Risiko, das jeder eingeht, der sich mit Magie beschäftigt. Wenn Sie davor zurückschrecken, prüfen Sie sich: Stimmt es für Sie trotzdem, dass Sie jetzt endlich Ihr Leben, Ihr Wohlbefinden, Ihre Zukunft, Ihre Sicherheit selbst in die Hand nehmen wollen? Dann zaubern Sie und schweigen Sie darüber. Ist die Angst vor den Folgen oder vor der gesellschaftlichen Ächtung größer? Dann lassen Sie es bleiben und betrachten Sie dieses Buch als unterhaltsame Lektüre.

Alltagszaubereien können Ihnen helfen, wenn Sie mehr Distanz zwischen sich und andere legen möchten, wenn Sie Ihre Ziele gegen alle Widerstände erreichen möchten, wenn Sie sich vor Übergriffen anderer schützen möchten oder wenn Sie bestimmten Ängsten wirksam begegnen möchten.

Zaubern findet im Kopf statt

Manche Märchen beginnen mit der Formulierung: „In alten Zeiten, als das Wünschen noch geholfen hat …“. Diese Zeiten sind heute. Wenn Sie fest an die Macht des Wünschens glauben, hilft das Wünschen heute genauso wie damals. Magie spielt sich nämlich im Kopf ab.

Zauber sind magische Handlungen, deren Wirkung nach den Mitteln der Kausallogik nicht nachvollziehbar ist. Sie sind jedoch keine sinnlosen Akte, ganz im Gegenteil: Es handelt sich um symbolische Handlungen. Sie werden stellvertretend für reale Handlungen durchgeführt, sie arbeiten mit Symbolen für Teilbereiche der realen Handlungen, für die sie stehen, und sie sind ebenso wirksam wie jene.

Magische Handlungen wirken tatsächlich – zumindest für die Zaubernden, die großen Wert darauf legen zu beteuern, dass sie sich nur mit weißer Magie beschäftigen. Würden sie nicht an die Wirksamkeit ihres Tuns glauben, so könnten sie sich derartige Beteuerungen ersparen – bei Zaubern, die keine Ergebnisse zeitigen, sind sie unnötig.

Daraus geht ein wesentliches Kriterium der Zauberei hervor: Sie ist genau das, was sie für uns bedeutet. Versetzen Sie sich einmal in einen Besucher einer katholischen Messe hinein, der vom christlichen Glauben und der Wandlung noch nie etwas gehört hat. Für ihn ist das, was sich am Altar abspielt, ein machtvolles (= magisches) Ritual oder bloßer Hokuspokus – je nachdem, wie ernst es der Priester nimmt, der es durchführt. Wenn der Priester die Bedeutung, die seine Symbolhandlung für ihn hat, gut vermittelt, wird auch ein Außenstehender spüren, dass er einer wichtigen Handlung beiwohnt.

Magie findet also zunächst in unserem Kopf statt. Das, was wir uns bei einer symbolischen Handlung denken, macht sie zum Schutz- oder Wunschzauber, nicht die Handlung selbst. Sie werden daher in diesem Buch immer wieder zwischen den Gedanken „So ein Blödsinn!“ und „Das probiere ich aus!“ hin- und hergerissen sein. Das ist ganz natürlich und spiegelt das, was Sie als symbolische Handlungen bisher kennen und zulassen, wider.

Sie finden hier viele Zauber, die Sie ganz unauffällig ausüben können. Tun Sie es. Wenn Sie nicht darüber reden, dann bleibt Ihnen der Zeigefinger an der Stirn, das Mobbing, die Außenseiterrolle sehr wahrscheinlich auch erspart.

Aufmerksame Menschen werden möglicherweise dennoch feststellen, dass Sie Dinge bewegen, Ziele erreichen, Grenzen setzen, ohne dass im Einzelnen nachvollziehbar wäre, wie Sie das genau machen. Diese Menschen werden Ihnen möglicherweise mit mehr Respekt, Vorsicht oder Abstand begegnen. Freuen Sie sich darüber: Das beweist schließlich, dass Ihre Schutzzauber wirken! Auf andere zugehen können Sie ja trotzdem, wo und wann Sie es wollen.

Kleine Systematik der Zauberei

Zauber werden nach sehr verschiedenen Kriterien eingeteilt und unterschieden. Nach der Absicht unterscheiden wir weiße und schwarze Magie. Der Unterschied bewegt sich auf einem schmalen Grat: Wenn Sie Ihr Leben, Ihre Einstellung, Ihre Wahrnehmung, Ihren Kontostand verändern wollen und dazu auch magische Mittel einsetzen, sind Sie auf der Seite der weißen Magie, solange Sie nicht den Willen eines anderen brechen oder beugen. Sobald Sie das tun, haben Sie die Seite gewechselt. Diese Unterscheidung betrifft uns allerdings nicht nur bei der Zauberei. Wir sollten uns eigentlich bei jeder Handlung fragen: Inwieweit beeinträchtigt das, was wir tun und wünschen, das Tun und Wünschen unserer Umgebung?

Nach der Grundlage, auf denen ihre Wirksamkeit beruht, unterscheiden wir Analogiehandlungen von stellvertretenden Handlungen. Analogiehandlungen beruhen auf Gemeinsamkeiten: Ich gehe zum Frisör, wenn der Mond im Löwen steht, damit meine Mähne wie jene des Löwen wird. Stellvertretende Handlungen dagegen finden an zugehörigen Teilen statt: Was ich diesem Haar meines Geliebten tue, das soll auch meinem Geliebten widerfahren. – Dies ist das Prinzip des Voodoo und ein klassisches Beispiel für schwarze Magie.

Nach der Zielsetzung, die hinter diesen Handlungen steht, werden magische Handlungen als Übertragungszauber, Schutzzauber, Wunschzauber, Abwehrzauber und so weiter bezeichnet. Zum großen Bereich der Wunschzauber gehören auch die Liebes- und Geldzauber.

Nach der Art des Handelns unterscheidet man magische Handlungen wie das Binden, Bannen, Wegblasen, Rufen, Besprechen und Singen. Die Art der Handlung sagt jedoch nichts über die Zielsetzung des Zaubers aus, in den sie eingebettet ist.

Sicherheit geht vor

Wie immer, wenn Sie Neuland betreten, kann es nicht schaden, wenn Sie vorher einen Blick auf die Sicherheitshinweise in der Gebrauchsanleitung werfen. Das gibt Ihnen das beruhigende Gefühl, dass Sie etwas genauer wissen, worauf Sie sich einlassen.

Die wichtigste Hexenregel lautet: Alles kommt zu mir zurück. Dreifach. Dahinter steht das Wissen, dass wir in vernetzten Systemen leben, in denen alles miteinander verbunden ist und jede Änderung jeden Teil des Ganzen betrifft – auch uns selbst. Diese Regel ist übrigens keine Erfindung der modernen Esoterik, sondern in unserer Kultur tief verwurzelt. Denken Sie nur an die Spruchweisheit: „Was du nicht willst, dass man dir tu, das füg' auch keinem andern zu."

Was wir einem anderen tun, kommt zu uns zurück. Sind wir zu ihm freundlich, so erfahren wir Freundlichkeit. Sind wir zu ihm hinterhältig und falsch, so werden wir auf Falschheit treffen. Manipulieren wir ihn, so werden wir manipuliert. Es liegt an uns, unser Umfeld zu gestalten; wir haben unsere Zukunft in der Hand. Dabei erhalten wir jede Menge Hilfe. Die Fülle des Universums bietet genug für uns alle. Wenn wir also einen Wunschzauber sauber formulieren, nehmen wir damit niemandem etwas weg.

Eine zweite Regel ist sozusagen die Rückversicherung: Wenn Sie jedem Wunschzauber den Satz „Wenn es sein darf" oder auch „Zum Wohle aller" anhängen, gehen Sie auf Nummer sicher. Dann lassen Sie nämlich zu, dass Ihr Wunsch zunächst einmal unberücksichtigt bleibt oder zurückgestellt wird, falls er sich beim zweiten Hinsehen eben doch als manipulativ, als schwarzmagisch oder als die Interessen eines anderen in unzulässiger Weise schädigend entpuppen sollte. Sie unterstellen ihn damit einer Kontrolle durch eine höhere geistige Macht, die in Ihnen ebenso ist wie in jedem anderen Wesen (und die Sie nennen können, wie Sie wollen).

Wenn Sie nun auch noch daran denken, dass Ihr Unterbewusstsein kein „Nein" kennt, kann eigentlich nicht mehr viel schief gehen. Die Sache mit dem Nein kann sich nämlich als wichtige Formulierungshilfe entpuppen. Sie hat schon mehrere Lieblingstassen von Müttern kleiner Kinder das Leben gekostet. „Lass das ja nicht fallen! Nein!! Nicht!!!" – schon klirrte es, denn die Botschaft, die bei dem Zweijährigen ankam, lautete schlicht: „Lass das fallen!" Die rettende Formulierung wäre gewesen: „Du stellst diese Tasse ganz ruhig und vorsichtig auf den Tisch."

Daher also als dritte Regel: Formulieren Sie positive Aussagen, bei Schutz- und Wunschzaubern gleichermaßen. Denn es ist Ihr Unterbewusstsein, das die Botschaften letztlich absendet, und das kennt kein Nein. Sonst wird der neue Partner, der Sie (im Unterschied zum vorigen) nicht anlügen soll, genauso zu einem Lügner wie der, von dem Sie sich gerade getrennt haben …

Von der Theorie zur Praxis

Die älteste uns vertraute Beschreibung einer magischen Handlung steht im Alten Testament und schildert den Besuch von König Saul bei der Hexe von En-Dor (1. Samuel 28). Leider ist die Schilderung sehr kurz und erklärt nicht, was die Frau genau tut, um den Geist Samuels zu beschwören.

Amüsanter zu lesen und nicht minder bekannt ist die Einführung in die Welt der Magie in Goethes „Zauberlehrling".

Was beim Lehrling – der in der Abwesenheit des Meisters den Besen für sich arbeiten lassen möchte, dann aber dummerweise vergisst, wie er ihn wieder abstellt – noch Spiel ist, wird im ersten Teil von Goethes „Faust“ Ernst. Vom schlecht gezogenen Drudenfuß auf der Schwelle über die Beschwörungen der gängigen Geister bis zu Mephistos Aufforderung, die Einladung hereinzukommen, dreimal auszusprechen, findet sich hier ein breites Spektrum magischer Handlungen.

Von Hexen und Magiern berichten außerdem traditionsgemäß unsere Märchen. Von modernen Hexen unterscheiden sich die Hexen im Märchen vor allem durch ihren Charakter: Während heutige Hexen nicht häufig genug betonen können, dass sie der weißen Magie verpflichtet sind, sind ihre Ahninnen aus dem Märchen schlicht böse.

Für den modernen Zauberlehrling haben die Märchen mit dem biblischen Bericht über die Hexe von En-Dor eines gemeinsam: Sie beschreiben nicht, wie die magische Handlung ausgeübt wurde. Goethes wortgewaltige Beschwörungen stellen auf diesem Gebiet tatsächlich eine Ausnahme dar.

Es sind nur wenige Zauberanleitungen überliefert, die von jedermann praktiziert wurden, der sich mit Magie beschäftigte. Das liegt in der Natur der Sache: Wenn den Unterschied zwischen einem Ritual und bloßem Hokuspokus das Wissen um die Bedeutung der Symbolhandlung ausmacht, wenn Magie also im Kopf stattfindet, dann sind die Rituale und Worte, die dabei gesprochen werden, relativ subjektiv und werden folglich nicht aufgeschrieben. Sie erhalten ihre Wirkkraft durch die Bedeutung, die sie für den Magier, die Hexe, den Zaubernden haben.

Wir sind also eingeladen, erfinderisch zu werden und unseren symbolischen Handlungen genau die Gestalt zu geben, die für uns persönlich stimmt.

Zum traditionellen Repertoire magischer Handlungen gehört die Beschwörung von Geistern, die Zubereitung von Giften, das Anfertigen von Amuletten und das Weissagen. Alles Dinge, die Sie nie tun würden? Natürlich nicht. Oder vielleicht doch? Auch hier sind die Grenzen nämlich fließend.

- Die Geisterbeschwörung kann damit beginnen, dass jemand Kontakt mit seiner verstorbenen Großmutter aufnimmt, um zu erfahren, was sie in dieser Situation getan hätte. Dazu muss er sie nicht aus der Unterwelt herbeirufen wie die Hexe von En-Dor den Geist Samuels. Es reicht aus, wenn er seine Erinnerungen an sie aktiviert und sich in gemeinsame Gespräche hineinversetzt.
- Ein „Gift" kann ein heilendes Medikament sein oder aber den Tod bringen. Für die Bakterien, die das Medikament ausrotten soll, ist jedes Medikament ein Gift, denken Sie nur an den Begriff „Antibiotika".
- Ein Amulett muss gar nicht besonders geheimnisvoll sein – dahinter kann sich ein hübscher Anhänger verbergen, in dem andere „nur" ein Schmuckstück sehen – es hängt ganz davon ab, was Sie damit verbinden.
- Und die Kunst der Weissagung beherrscht auch der Börsenmakler, der ein Gespür für Tendenzen und Entwicklungen besitzt und diese in groben Zügen vorhersagen kann. Für einen Außenstehenden ist das um nichts weniger rätselhaft, als wenn eine Wahrsagerin mit Katze und Kristallkugel ihrer Klientin die Zahl ihrer künftigen Kinder prophezeit.

Sie finden in diesem Buch jede Menge Anregungen für magische Handlungen. Nehmen Sie sie als das, was sie sind: als Anregungen. Wenn Ihnen etwas nicht ganz gefällt, dann wandeln Sie es so ab, dass es für Sie passt. Behalten Sie die Sicherheitshinweise im Auge und prüfen Sie sich, ob Sie das wirklich wollen, was Sie da tun. Dann kann schon fast nichts mehr schief gehen.

Zum Zaubern im Alltag benötigen Sie

- ein Bild: Was ist mein Ziel?
- ein Gefühl: Wie fühlt sich das an?
- eine Formulierung: Wie bringe ich das auf den Punkt?
- ein Symbol, einen Gegenstand, der für Sie die Teile oder das Ziel Ihrer Handlung symbolisiert.
- Zeit, um sich zu entspannen
- Ruhe, um sich zu sammeln
- die Bereitschaft zur Ernsthaftigkeit
- Offenheit für das Ungewöhnliche, für eine neue Erfahrung

Um beim klassischen Beispiel mit dem Stift zu bleiben: Sie bewerben sich auf eine Stelle, die Sie wirklich gern hätten? Ehe Sie zu dem besonderen Stift greifen, den Ihnen Ihre Patentante zum Abitur oder zum Abschluss Ihrer Ausbildung geschenkt hat, halten Sie inne. Entspannen Sie sich, holen Sie tief Luft, legen Sie eine Pause ein, werden Sie ruhig. Erst wenn Sie sich so gesammelt haben, formulieren Sie Ihr Ziel („Diese Stelle hätte ich wirklich gern!") und stellen sich vor, wie Sie dort arbeiten (Ihren Arbeitsplatz, Ihren Schreibtisch, das Gefühl, morgens dorthin zu kommen ...). Und nun greifen Sie zum Stift und stellen die Verbindung her. Spüren Sie den Erfolg, den Stolz auf die abgeschlossene Ausbildung und unterschreiben Sie nun Ihr Bewerbungsschreiben mit dem Gedanken an den Erfolg („Möge mir mit diesem Schreiben ebenso viel Erfolg vergönnt sein!").

Wie Sie diese Sätze formulieren, ist ganz allein Ihre Sache. Es bleibt Ihnen sogar überlassen, ob Sie sie laut aussprechen oder nicht. Es gibt hier keinen anderen Maßstab als das, was für Sie selbst richtig ist und passt. Worte, die Sie laut aussprechen, haben allerdings eine größere Verbindlichkeit als Worte, die Sie sich „nur" denken.

Offenheit für eine ungewöhnliche, neue Erfahrung benötigen Sie deshalb, damit Sie mögliche Hinweise zu Ihrem Wunsch auch sehen und annehmen können. Denn: Es gibt keinen Zufall. Wenn Ihnen der Umschlag mit Ihrem Bewerbungsschreiben auf dem Weg zum Briefkasten zweimal aus der Hand fällt, könnte das ein Hinweis darauf sein, dass Sie dieses Schreiben vielleicht lieber nicht oder nicht in dieser Form in den Briefkasten stecken sollten. Wenn der Stift plötzlich zum ersten Mal seit Jahren streikt, könnte das dasselbe bedeuten. Oder wenn Sie auf dem Weg zur Post aufgehalten werden, wenn Sie den Briefumschlag drei Tage lang mit sich herumtragen, wenn … Es gibt viele Möglichkeiten.

Ein anderes Beispiel: Sie stehen vor einer schwierigen Auseinandersetzung mit Ihrem Chef und einem Kollegen, und Sie fürchten, dass dieses Gespräch unter die Gürtellinie abrutschen könnte. Sie spüren, Sie brauchen Schutz für sich selbst, wollen aber zugleich auch dafür sorgen, dass das Gespräch konstruktiv verläuft. Ein möglicher Schutzzauber wäre ein Amulett, vielleicht in Form eines Anhängers aus einem Halbedelstein, vielleicht in Form Ihrer Lieblingskette. Die Bereitschaft zur Kommunikation könnten Sie mit einer bestimmten Farbe unterstützen, die Sie tragen – ein helles Gelb wäre passend –, indem Sie mit einem Duftöl für eine gute Atmosphäre sorgen oder schlicht eine Packung Schokokekse auf den Tisch stellen (Schokolade fördert die Ausschüttung von Glückshormonen und dürfte für eine entspanntere Atmosphäre sorgen als scharfe Paprikachips).

Wenn Sie all diese Handlungen – also das Anlegen der Kette, die Wahl der Farbe für Ihren Seidenschal, das Füllen und Anzünden der Duftlampe, das Bereitstellen der Kekse – in Ruhe, gesammelt und mit dem Gedanken an Ihr Ziel ausführen, wenn Sie besonders die Kette mit dem Wunsch verbinden, sie möge Sie schützen, dann wird diese Besprechung ganz anders ablaufen, als wenn Sie in letzter Minute, hektisch und aufgelöst in knallroter Bluse ins Besprechungszimmer stürzen.

Sollte Ihnen später zu Ohren kommen, Ihr Kollege habe einem anderen beim Mittagessen auf die Frage, wie es denn gelaufen sei, berichtet: „Es war wie verhext! Ich wollte es dieser aufgeblasenen Person mal so richtig zeigen, aber irgendwie kam es gar nicht dazu; und nun haben wir eine Lösung gefunden, mit der wir alle leben können!“ – dann schmunzeln Sie leise. Das ist angewandte Magie in ihrer besten Form. Von Manipulation unterscheidet sich diese Form der Magie dadurch, dass Sie alles getan haben, um eine entspannte, konstruktive Gesprächsatmosphäre herbeizuführen – zum Wohle aller. Sie haben den Kollegen nicht vorher beim Chef angeschwärzt oder ihm gar Abführmittel in den Kaffee gegeben – das haben Sie nämlich nicht nötig.

Seien Sie auch in diesem Fall wieder offen für Ungewöhnliches. Wenn Sie statt des Lavendelöls Lizeaöl erwischen oder wenn Sie kein Streichholz für die Duftlampe finden, können das ebenso Hinweise sein, wie wenn Sie plötzlich bemerken, dass Sie Kekse für Diabetiker gekauft haben. Wer weiß, vielleicht ist es dann gut so.

Sollten Sie nicht sicher sein, ob Sie mit einem solchen Eingriff in den Verlauf einer Besprechung bereits manipulativ werden – es könnte ja sein, dass Ihr Kollege in der offenen Konfrontation mehr Punkte macht als in einem ruhigen, sachlichen Gespräch, sodass Sie ihn seines Vorteils entheben –, dann fragen Sie sich bei dem, was Sie tun, ob Sie es umgekehrt in Ordnung fänden, wenn ein anderer dasselbe mit Ihnen tun würde. Stellen Sie sich einfach vor, es wären die Schokokekse und das Aromaöl des Kollegen. Wäre die Sache für Sie genauso in Ordnung? Wenn Sie diese Frage mit Ja beantworten können, ist das ein Zeichen dafür, dass Schokokekse und Aromaöl in diesem Fall wirklich dem Wohle aller dienen. Wenn nicht, lassen Sie die Finger davon.

Magische Hilfsmittel

Beim Zaubern steht Ihnen eine Fülle an Hilfsmitteln zur Verfügung. Zwei große Prinzipien sind ihnen übergeordnet: die vier Elemente und die fünf Sinne.

Kerzen

Kerzen stehen für das Element Feuer, die reinigende, klärende Kraft. Sie können Kerzen für die Reinigung Ihrer Gedanken, der Atmosphäre oder schlicht der Luft eines verrauchten oder verräucherten Raumes einsetzen. Zur Reinigung der Luft auf der Toilette genügt bereits ein einziges Streichholz – und das ist, nebenbei bemerkt, keine esoterische Spinnerei, sondern ein Tipp der Müllabfuhr, die damit versucht, dem umweltschädlichen Einsatz der WC-Steine ein Ende zu bereiten.

Kerzen stehen auch für Licht. Wer eine Kerze entzündet, setzt ebenso etwas Neues in Gang wie die wiederkehrende Sonne nach der Wintersonnenwende ein neues Jahr. Kerzen eignen sich daher gut für symbolische Handlungen, die etwas Neues bewirken sollen.

Wenn Sie mit Kerzen arbeiten, sollten Ihnen – Magie hin, Zauber her – Sicherheitsvorkehrungen über alles gehen. Was nützt Ihnen der schönste Schutzzauber, wenn Sie die Kerzen, die Sie dafür entzündet haben, unbewacht lassen und einen Zimmerbrand riskieren? Also: Kerzen gehören in einen Ständer, in dem sie festen Halt haben und der in der Lage ist, herabtropfendes Wachs aufzufangen. Sie sollten nur unter Aufsicht brennen, und sie gehören nicht unter Gardinen auf das Fensterbrett. Über einer Kerze kann es nicht nur zu erheblicher Ruß-, sondern auch zu erstaunlich großer Hitzeentwicklung kommen.

Gut ist es, Kerzen in verschiedenen Farben zur Hand zu haben. Von einer weißen Kerze geht eine andere Stimmung aus als von einer gelben, roten, blauen oder gar schwarzen (zu den Farben siehe weiter unten).

Ob Sie gesalbte Kerzen benötigen, hängt von Ihren Vorlieben ab. In Esoterikläden und dem einschlägigen Versandhandel werden Salböl und gesalbte Kerzen angeboten. In vielen Ritualen moderner Hexen wird zusätzlich eine weiße Kerze benutzt, mit der die anderen Kerzen, die Bedeutungsträger in diesem Ritual, angezündet werden. Auch dies bleibt Ihnen überlassen.

Vielleicht möchten Sie Ihre Kerzen selbst herstellen? Beim Zaubern werden Sie in einem vernetzten System aktiv, in dem alles miteinander zusammenhängt. Dazu gehört auch Ihr Umgang mit Ressourcen und Energie – eigentlich eine Selbstverständlichkeit, und wer magisch aktiv ist, dem ist das besonders bewusst.

Mit ein wenig handwerklichem Geschick, einer Wäscheklammer, einem Kerzendocht, ein paar leeren Joghurtbechern und etwas Geduld installieren Sie Ihre eigene Kerzenküche. Und während Sie Wachsreste in Kerzen verwandeln, lassen Sie Ihre eigenen Gedanken und Wünsche hineinfließen – laut oder leise, wie es für Sie richtig ist.

Machen Sie sich bewusst, zu welchem Zweck Sie eine bestimmte Kerze gießen. Sie können sie bereits bei der Herstellung mit guten Wünschen begleiten oder ihr eine ganz bestimmte Energie mit auf den Weg geben. Bleiben Sie dabei jedoch offen. Programmieren Sie die rote Kerze, die da entsteht, nicht mit: „Leuchte für meine Liebe zu Peter“, denn dann wird sie das tun, auch wenn Sie und Peter sich längst getrennt haben und Sie sie lieber für einen ganz anderen leuchten lassen würden. Besprechen Sie sie mit dem Wunsch, sie möge für Ihre Liebe leuchten, dann können Sie sie völlig frei in Zusammenhang mit jedem Partner einsetzen.

Das Löschen der Kerzen ist ein heikles Thema. Eigentlich sollten Sie eine Kerze, die in einem Ritual gebrannt hat, nicht löschen, sondern abbrennen lassen. Das ist bei einer Brenndauer von vier und mehr Stunden natürlich nicht immer möglich. Sie sollten sie jedoch nicht für ein anderes Ritual verwenden, sondern lieber zu einem späteren Zeitpunkt erneut entzünden und dabei die Energie Ihres Rituals wieder heraufbeschwören. – Dies ist auch ein guter Tipp, wenn Sie zu Hause ein Ritual abhalten, das Ihnen am Arbeitsplatz helfen soll. Wenn Sie die Kerze dann am Arbeitsplatz wieder entzünden, überträgt sie die Kraft des Rituals in die gewünschte Umgebung.

Wie Sie sie löschen, ist keineswegs gleichgültig. Auf keinen Fall sollten Sie sie einfach ausblasen. Das Blasen oder Wegblasen ist nämlich eine magische Handlung, die möglicherweise dem Zweck Ihres Rituals, etwas herbeizuholen oder zu bewirken, entgegensteht. Das Ausblasen Ihrer Kerze kann sich also als kontraproduktiv erweisen. Löschen Sie sie lieber mit angefeuchteten Fingern oder drücken Sie sie mit einem abgebrannten Streichholz vorsichtig aus.

Ein sehr altes Beispiel für den rituellen Einsatz von Kerzen liefert übrigens wieder die katholische Kirche: Der Täufling erhält zur Taufe eine große Kerze. Sie wird an jedem Geburts- oder Namenstag und bei der Erstkommunion erneut entzündet und erinnert dabei symbolisch an das Taufversprechen.

Räucherwerk

Räume, in denen ein Räucherstäbchen brennt, üben auf die Eintretenden oft eine geradezu magische Wirkung aus. Sie entspannen sich fast augenblicklich, lächeln oft sogar – oder aber sie wehren sich gegen die entspannende Wirkung – meist ohne sich dessen bewusst zu sein.

Der Rauch von Räucherwerk steht für das Element Luft. Er kann Ihre Gedanken, Ihre Wünsche und Ihre Schutzzauber beflügeln und, für Sie sichtbar, nach oben tragen. Stellen Sie sich ruhig vor, wie Ihr Zauber aufsteigt wie der Rauch Ihres Räucherwerks, und Sie können gelassen dem Ergebnis Ihres Handelns entgegensehen – wenn es denn sein darf.

Rauch diente in Indien traditionell zur Reinigung der Nase und Augen von Neugeborenen. Dahinter steckt mehr als ein exotisches Ritual: Ein beginnender Schnupfen lässt sich durch zwei Sandelholzräucherstäbchen, die nacheinander abgebrannt werden, verblüffend erfolgreich abfangen und in Rauch auflösen.

Nicht nur zur Reinigung Ihrer Atemwege, auch zur Reinigung eines Raumes lässt sich mit Rauch erfolgreich arbeiten. Vor allem nach anstrengenden oder gar unerwünschten Besuchen hilft es sehr, mit schwelendem Salbei auf der Räucherschale durch die Wohnung zu gehen und sie von allen störenden Energien zu reinigen. Lassen Sie den Rauch auch in die Ecken, unter die Tische und unters Bett ziehen – je gründlicher Sie vorgehen, desto freier werden Sie hinterher wieder atmen können.

Zur Wintersonnenwende die Wohnung, das Haus und natürlich auch den Stall gründlich zu räuchern, ist eine alte Tradition. Sie machen sie damit bereit für die Wende im Jahr, die mit der Wiederkehr des Lichtes verbunden ist – auch wenn es noch lange finster und kalt bleibt.

Je nachdem, womit Sie räuchern, können Sie das Gefühl bekommen, in einen leichten Schwebezustand zu geraten. Zum Trance auslösenden Räucherwerk zählt auch der gute alte Weihrauch. Das Beten des Rosenkranzes im Weihrauchduft einer Kirche ist ein gutes Beispiel für den Einsatz von Rauch zu meditativen Zwecken.

Räucherwerk bekommen Sie in Esoterikläden, Drogerien, auf Märkten und im Kaufhaus. Achten Sie auf die Qualität: Sie können Ihre Lungen nicht auswaschen. Falls Sie auf dem Land leben und nirgendwo Räucherwerk bekommen, fragen Sie einfach den nächsten Pfarrer, wo er den Weihrauch für die Kirche bezieht.

Neben Weihrauch und Myrrhe können Sie aber auch mit Pflanzen wie Lorbeer, Salbei, Rosmarin oder mit Wurzeln wie Galgant oder Alant räuchern. Letzteres verströmt einen hellen, klärenden, frischen Duft und wirkt besonders im Winter stimmungsaufhellend. Probieren Sie ruhig ein wenig herum, bis Sie „Ihren" Rauch gefunden haben.

Auch beim Räuchern gilt jedoch: Sicherheit geht vor. Wenn Sie Räucherkohle verwenden, folgen Sie unbedingt der Bedienungsanleitung. Räuchergefäße werden möglicherweise sehr heiß. Überlegen Sie sich also vorher, wo Sie sie abstellen wollen, wenn Sie damit die Runde durch Ihre Wohnung beendet haben. Richten Sie einen Korkuntersetzer oder ein unbeheiztes Stövchen her oder sorgen Sie für Platz auf dem Küchenherd oder im kalten Backofen.

Steine

Steine stehen für das Element Erde. Derzeit erleben vor allem Halbedelsteine geradezu einen Boom. Doch ihre Verwendung geht eigentlich auf uralte Traditionen zurück.

Die sympathetische Medizin oder Magie der Antike verwendete Steine als Heilsteine nach dem Motto „Gleiches wirkt auf Gleiches". Auf dieser Ebene galten rote Steine als „gut" für das Blut und gegen Blutungen, gelbe für die Leber und so weiter. Die moderne Wissenschaft beweist im Nachhinein die Richtigkeit mancher dieser Ansätze: Magnetit oder

Magnetstein etwa, ein Eisenoxid, hat in der Tat eine durchblutungsfördernde Wirkung, die von der modernen Magnetfeldtherapie eingesetzt wird, um die Heilung von Wunden zu beschleunigen.

Die moderne Esoterik ordnet davon ausgehend Steinen Eigenschaften zu, d. h. bestimmte Energien, die sie an ihre Benutzer abgeben können. Steine sind Träger von Wissen und Information, und für manche Menschen sind sie unglaublich lebendig. Wenn Sie einmal bedenken, was alles geschehen muss, damit ein ganz bestimmter Stein den Weg in Ihre Tasche, Ihre Wohnung oder Ihre Hand findet, bekommen Sie vielleicht ein Gespür dafür.

Verlassen Sie sich beim Steinkauf auf Ihr Gefühl. Sie brauchen sich vorher nicht über die einzelnen Steine und ihre Wirkung zu informieren und zu überlegen, was Ihnen gut tun würde. Gehen Sie lieber völlig unvorbelastet auf die Suche. Lassen Sie Ihre Steine allmählich zu Ihnen finden und seien Sie offen für das Unvorhergesehene.

Halbedelsteine finden Sie überall – auf einer Edelsteinmesse ebenso wie in der Dekorationsabteilung eines Gartencenters.

Lassen Sie sich treiben und gehen Sie auf jene Steine zu, die Ihnen gefallen. Nehmen Sie einen Stein, der Sie optisch anspricht, in die Hand, legen Sie ihn sich an die Haut. Der Stein spricht zu Ihnen und „sagt“ Ihnen unmissverständlich, ob Sie ihn in Ihrer derzeitigen Lebenssituation brauchen oder nicht. Im besten Fall spüren Sie sogar gleich, wofür. Diese Kommunikation des Steines mit Ihnen kann sich vielleicht darin äußern, dass er in Ihrer Hand pulsiert oder sehr schnell sehr warm wird. Vielleicht spüren Sie auch das Bedürfnis, Ihre Hand mit dem Stein an eine bestimmte Körperstelle zu halten. Spüren Sie nichts, so brauchen Sie diesen Stein vielleicht gerade nicht.

Zieht Sie ein Stein magisch an, ohne dass Sie spüren, warum, so nehmen Sie ihn mit nach Hause. Jetzt kann ein Buch mit der Beschreibung des Aussehens und der Eigenschaften der verschiedenen Edelsteine hilfreich sein. Schlagen Sie nach, um welchen Stein es sich bei Ihrer Wahl handelt, wenn Sie das nicht schon beim Kauf erfahren haben. Die beschriebenen Eigenschaften können auf Energien hinweisen, die Ihnen gerade fehlen, oder auf Aufgaben, die in absehbarer Zeit auf Sie zukommen dürften.

Lassen Sie Ihrem neuen Stein Zeit. Nur sehr wenige Steine wirken augenblicklich. Tragen Sie einen neuen Stein sechs Wochen lang und machen Sie sich mit seiner Energie vertraut. Die Erfahrung lehrt, dass viele Steine so lange brauchen, um ihre Wirkung voll entfalten zu können.

Fühlen Sie sich dagegen unwohl oder spüren Sie ein Gefühl der Ablehnung, wenn Sie einen bestimmten Stein tragen, so legen Sie ihn einfach wieder ab. Vielleicht wird er zu einem späteren Zeitpunkt für Sie eine wichtige Hilfe. Dass Sie auf ihn stark reagieren, wissen Sie ja dann bereits.

Wie und wo Sie Ihre Steine einsetzen, ist allein Ihre Sache. Sie können die Steine an Stellen in Ihrer Wohnung oder Ihrem Büro legen, denen Sie die Energie verleihen möchten, die dieser Stein verkörpert.

Ganz unmittelbar wirken Steine, wenn sie direkt am Körper getragen werden. Edelsteinarmbänder, wie Sie sie in jedem Esoterikladen oder im Kaufhaus bekommen, sind nur eine Möglichkeit. Sie können sich besonders wichtige Steine aber auch als Ring, Ohrring oder Anhänger fassen lassen. Dabei sollte der Stein die Haut berühren, wenn er für Sie ein

Energieträger ist; sehen Sie dagegen in ihm eher einen Talisman, so ist der Hautkontakt nicht erforderlich. Viele Steine werden als flache, durchbohrte Scheiben, als sog. „Donut" angeboten; ein solcher lässt sich am Lederband über oder auch ganz unauffällig unter der Kleidung auf der Haut tragen.

Mineralien sollten Sie regelmäßig reinigen, damit sie ihre Eigenschaften in reiner Form behalten. Sie halten den Stein dafür unter fließendes kaltes Wasser und bitten das Wasser, alles Verunreinigende mit sich zu nehmen. Anschließend können Sie ihn in den Mittagsstunden in die Sonne oder nachts in den Schein des Mondes legen – lassen Sie sich auch hierbei von Ihrem Gefühl leiten. Von einem Bad in einer Salzwasserlösung, wie es oft empfohlen wird, ist bei Mineralien wegen der zahlreichen darin gelösten Ionen eher abzuraten.

Eine gute Idee ist es auch, Steine hin und wieder in der Erde zu vergraben. Günstig ist dafür der Termin drei Tage vor Neumond. Wenn Sie sie nach sieben Tagen ausgraben, hatten sie bis zum Neumond Zeit, fremde, das heißt störende Energien an die Erde abzugeben, und konnten sich anschließend drei Nächte lang bei zunehmendem Mond mit Erdenergie anreichern. Vergraben Sie Ihre Steine jedoch nicht im Garten, wenn die Gefahr besteht, dass Sie die Stelle nicht wiederfinden oder dass Sie sie beim Ausgraben mit dem Spaten beschädigen. Ein Eimer mit Sand tut es auch, und der kann ebensogut auf der Terrasse stehen.

Steine können, müssen Sie aber nicht unterstützen. Wenn Sie mit ihnen nicht zurecht kommen, wenn Sie das Gefühl haben, dass sie Ihnen nicht hilfreich sein können, dann lassen Sie es lieber bleiben.

Wasser

Wasser ist nicht nur das Element, das für die Welt der Gefühle und Träume steht, es ist auch ein wichtiges magisches Hilfsmittel.

Gewässer bilden eine Grenze – für Staaten ebenso wie für die Unterwelt, die man in vielen Mythen nur mit Hilfe eines Fährmanns erreicht. Gewässer bilden aber auch eine magische Barriere für böse Geister und Dämonen. Es heißt, dass Hexen fließende Gewässer nicht überqueren können, auch nicht auf einer Brücke.

Fließendes Wasser besitzt übernatürliche Kräfte und dient traditionsgemäß zur Behandlung von Warzen, Ischias oder Soor (Mundfäule). Alles, was davongetragen werden soll, können Sie dem Wasser übergeben – am besten einem fließenden Gewässer, zur Not tut es auch der Wasserstrahl in Ihrem Waschbecken. – Die „übernatürlichen" Kräfte des Wassers kennen wir alle auch aus der Verwendung als Weihwasser in der Kirche.

Zur symbolischen Unterstützung Ihres Wunsches hilft es nicht nur, mit den vier Elementen zu arbeiten, sondern auch, alle fünf Sinne zu aktivieren, Gesichtssinn und Gehör, Geruch, Geschmack und Tastsinn.

Den Geruchssinn aktivieren Sie mit Räucherwerk (siehe oben ab Seite 26). Er ist eng mit dem Geschmackssinn verbunden – schließlich lassen sich Pfeifenraucher das Aroma ihres Tabaks ja auch „auf der Zunge" zergehen. Das Gehör aktivieren Sie durch Klänge, die Augen durch Farben, und den Tastsinn zum Beispiel mit Hilfe von Bändern, die Sie auf der Haut tragen. Zusätzlich können Sie durch Tanz oder Bewegung Ihren ganzen Körper aktivieren und den Wunsch ausdrücken lassen.

Klänge

Töne oder Geräusche, Musik oder Lärm sind machtvolle Energien, die Ihnen helfen können, sich zu schützen. Geister und Dämonen fürchten sich nämlich vor Schallwellen. Seit Jahrhunderten dient Lärm dazu, böse Geister zu vertreiben, Räume zu reinigen oder Grenzen abzustecken.

Die Mittel der Lärmerzeugung haben sich im Laufe der Zeit gewandelt. War es zunächst noch Peitschengeknall, das den Winter austrieb und beim Almauf- oder -abtrieb die Dämonen vom Vieh fern hielt, so traten später an seine Stelle das Läuten von Glocken (das auch vor fliegenden Hexen, Mäusen und Schlangen schützte) und das Krachen von Gewehrsalven. Trommeln und Trompeten vertreiben traditionsgemäß nicht nur die Dämonen des Winters, sondern im Krieg auch den Feind – und natürlich den Dämon der Angst bei den eigenen Soldaten. Wildes Gebrüll hat die gleiche Wirkung – vom gellenden Angriffslärm der Kelten, der ihren Feinden das Blut in den Adern gefrieren ließ bis zu Tarzans berühmtem Schrei gibt es genügend Beispiele.

Vögel stecken mit Gesang ihr Revier ab, wie wir wissen, und Senner machten es ihnen zumindest früher nach, indem sie abends durch einen Betruf die Alpe schützten: Auf einem Ton wurde – am besten durch den Milchtrichter – ein Gebet gesungen. Soweit es schallte, wirkte auch seine schützende Macht. Auch der Gesang des Muezzin, der die Gläubigen zum Gebet ruft, wirkt durch die Beschwörung des allmächtigen Gottes wie ein weit reichender, machtvoller Schutz vor Dämonen.

Klatschen, Trommeln oder Musik sind auch wirksame Mittel, um in unserem heutigen Alltag fremde, störende oder gar feindliche Energien aus Räumen zu vertreiben. Aber nicht nur zum Vertreiben von Geistern können Klänge dienen – sie können Ihnen auch helfen, der Welt der Geister näher zu kommen. Trommeln oder Rasseln sind erprobte Mittel, um die Grenzen der Logik zu überwinden, nicht nur für schamanische Reisen.

Die Bedeutung der Klänge als Hilfe beim Zaubern wird oft unterschätzt. Dabei nehmen wir doch einen ungeheuer großen Teil unserer Umwelt über das Gehör wahr. Akustische Reize helfen uns nicht nur, uns in einer fremden Umgebung zu orientieren – sie helfen uns auch, diese Umgebung in Besitz zu nehmen. Kinder weihen eine neue Wohnung gern ein, indem sie im Kreis herumlaufen und dabei schreien, Flugzeug- oder Autogeräusche imitieren oder mit sonstigen Geräuschen die leeren Räume „füllen". Die Macht des Klangs ist ihnen unbewusst vertraut.

Wenn Sie Ihr Leben in die Hand nehmen wollen und dabei Widerstände oder Hindernisse zu überwinden haben, benutzen Sie Klänge – selbst erzeugte oder solche aus der Konserve. Achten Sie darauf, wie Sie selbst auf bestimmte Formen der Musik reagieren – und setzen Sie sie dann gezielt ein. Eine Sonderform ist Ihre eigene Stimme.

„Hallo! Ist da jemand?" Diese unsinnigste aller Formulierungen kommt in Filmen immer dann vor, wenn es gruselig wird, wenn der Böse über den knarrenden Holzboden schleicht oder wenn in einem leeren Raum ein offener Fensterflügel klappert. In der Regel bekommt der Fragende keine Antwort, aber die Frage bewirkt etwas: Sie füllt den Raum mit seiner Stimme und gibt ihm ein Gefühl der Sicherheit.

Ihre Stimme ist ein wichtiges magisches Hilfsmittel. Das mag Ihnen komisch vorkommen. Doch denken Sie einmal daran, wie oft Sie förmlich „hören", wie Ihre Mutter Ihnen etwas sagt, verbietet, einwendet – auch wenn sie gar nicht anwesend ist. Sie selbst wissen aus Erfahrung, dass Sie mit Ihrer Stimme Wesen aller Art rufen oder verschrecken, verängstigen oder beruhigen können – vom Vogelschwarm auf der Wiese bis zum Baby in der Wiege. Wundert es Sie da noch, dass Ihrer Stimme eine ungeheure magische Kraft innewohnt?

Setzen Sie also Ihre eigene Stimme bewusst ein: als Klang, als Wort oder als Verbindung von beidem.

Erstaunlich wirksam ist bereits der reine Einsatz der Stimme, auch ohne Worte. Nichts wirkt so anheimelnd wie jemand, der bei der Arbeit oder unterwegs summt oder singt. Halten Sie sich also nicht zurück. Ein Großteil der klassischen Musik kommt ohne Worte aus und übt dennoch eine deutlich spürbare Wirkung auf unsere Stimmung aus. Die gleiche Wirkung können Sie auch selbst erzeugen.

Ein zweiter Punkt ist die Verwendung von Worten. Kommunikationstrainer wissen, was wir mit Worten bewirken können – im Guten wie im Schlechten. Das Neurolinguistische Programmieren (NLP) ist geradezu eine eigene Wissenschaft um die Wirkung von Worten auf unser Denken. Mit Worten können Sie sich und anderen Mut machen, sich beruhigen, Wünsche äußern, Schutz heraufbeschwören, Unheil bannen und vieles mehr. Sprechen Sie also!

Damit es wirkt, sollten Sie Ihre Worte laut aussprechen. Das mag Ihnen zunächst sehr merkwürdig erscheinen. Doch wenn Sie sich überlegen, in wie vielen Situationen Sie mit sich selbst reden, ist die Hemmschwelle vielleicht nicht mehr so groß. Tatsache ist, dass das gesprochene Wort eine größere magische Wirkung hat als das gedachte und dass das geschriebene Wort erst durch das Aussprechen „aktiviert" wird.

Eine dritte Möglichkeit ist die Verbindung von Musik und Worten. Wenn Sie gern singen, singen Sie Ihre Zauber. Zaubergesänge haben eine alte Tradition und sind viel wirksamer als alle gesprochenen Worte – denken Sie nur an die beruhigende Wirkung von Schlafliedern. Singen, rocken oder bluesen Sie also! Wenn Sie keine bekannte Melodie verwenden und mit einen eigenen Text verbinden wollen, werden Sie zum Komponisten. Die Melodie muss gar nicht besonders kunstvoll sein, sie muss nur für Sie in die Situation passen, in der Sie sie einsetzen wollen.

Eine vierte Form sind gereimte Worte. Sie sind gebundene Sprache. Ein besonders schönes Beispiel ist der Zauberspruch aus Goethes „Zauberlehrling“:

„Walle, walle
manche Strecke,
dass, zum Zwecke,
Wasser fließe,
und mit reichem, vollem Schwalle
zu dem Bade sich ergieße.“

Bei Goethe wirken Rhythmus und Reim gleichermaßen, doch Sie brauchen nicht zu resignieren, wenn Sie es nicht schaffen, Ihre Wunsch- oder Abwehrzauber so gekonnt zu formulieren. Es reicht auch aus, wenn die Worte einen guten Rhythmus besitzen.

Auch dann, wenn sie nicht als Endreim, sondern als Stabreim daherkommen, verkörpern sie die Macht der gebundenen Sprache.

„Bên zi bêna, bluot zi bluoda,
lid zi geliden, sôse gelimida sin!“

„Bein zu Bein, Blut zu Blut, Glied zu Gliedern, als ob geleimt sie seien“ – so lautet der zweite der beiden althochdeutschen Merseburger Zaubersprüche, ein gutes Beispiel für Rhythmus. Solcherart verdichtete Formen der Sprache sind optimal, um machtvolle Worte gut auf den Weg zu bringen. Versuchen Sie es einmal!

„Unter Beschwörungen“ vollzieht so manche Hexe im Märchen ihre magischen Handlungen. Dabei haben die meisten von uns das klassische Bild einer alten Frau vor Augen (meist ohne Gebiss), die Unverständliches vor sich hin murmelt und sich auch gar nicht verständlich ausdrücken will, weil sie ihre Zaubersprüche lieber für sich behalten möchte. Vergessen Sie das. Geheimnisvoll klingende Worte wie „Abrakadabra“, „Hax pax max“, „Abek, wabek, fabek“ oder „Habere, dabere, sachere“ sind im Zweifelsfall Verballhornungen aus dem Lateinischen – aus dem Gottesdiensttext oder dem Juristenlatein – und haben vor allem eine Aufgabe: Sie sollen geheimnisvoll wirken. Die in diesen Worten anklingende dreifache Wiederholung eines Gedankens mit jeweils anderen Worten hatte die Funktion, etwas wirklich niet- und nagelfest zu formulieren. Sie gehört nicht nur zum charakteristischen Repertoire antiker Dämonenbeschwörungen, sondern auch in das Vokabular von Verträgen und Testamenten und wird bis heute von amerikanischen Anwälten beim Aufsetzen eines Testaments verwendet.

Wenn Sie selbst Geister oder Elemente für Ihr Ritual zu Hilfe rufen möchten, tun Sie das am besten so, dass Sie selbst zuverlässig wissen, was Sie sagen: klar und deutlich, eindeutig und verständlich. So genannte Zauberworte, deren Bedeutung Sie nicht kennen, könnten sich als Falle oder als Bumerang entpuppen, indem sie eine Eigendynamik entwickeln, auf die Sie keinerlei Einfluss haben – und dann wird Ihr Wunschzauber unversehens zum Schadenzauber.

Neben der Form der Worte (gereimt oder rhythmisch und verständlich) wäre da noch ein Wort zu ihrem Inhalt zu sagen.

Hier hilft der Blick auf die Tradition weiter. Erhaltene Zaubersprüche sind meist nach dem folgenden Schema aufgebaut: Sie schildern zunächst eine Szene, in der Götter (so in den beiden Merseburger Zaubersprüchen) oder die Gottesmutter Maria handeln, und enden mit jenem Satz, der in dieser Szene eine Heilung bewirkt hat, oder mit dem Wunsch, irgendetwas möge so vergehen, wachsen, grünen oder was auch immer wie das analoge Element in dieser Szene.

Eine hübsche Ausnahme ist der folgende, aus Schottland stammende Spruch gegen Schluckauf:

„Mein Liebster ist eins,
der Schluckauf ist zwei,
wenn mein Liebster mich gern hat,
ist der Schluckauf vorbei."

Für uns sind alte Zaubersprüche im Grunde enttäuschend. Das liegt vielleicht daran, dass wir Worten und der Beschreibung einer Szene längst nicht mehr die Bedeutung beimessen, die sie in einer Zeit gehabt haben dürften, in der nur wenige des Lesens mächtig waren und in der in der Sprache streng zwischen Alltagsworten („Ich habe Hunger!" oder „Ich hätte gern zwölf Eier!") und Bibelworten unterschieden wurde. Allein die Nennung Marias oder Wotans erhob offenbar die gesamte Szene, die darauf folgte, mit allen Elementen der Handlung auf eine höhere Ebene – es war etwas anderes, ob Maria ihren Durst stillte, wandelte oder ein Kraut brach oder ein normaler Sterblicher. Diese Wertung ist heute kaum mehr nachvollziehbar, und so sind wir einmal mehr aufgefordert, selbst schöpferisch aktiv zu werden.

Dichten, reimen und singen Sie also und bringen Sie Ihre Wünsche auf einen klar und einprägsam formulierten Nenner, sodass sie Ihnen und anderen leicht ins Ohr gehen.

Farben

Farben sind hoch wirksame Hilfsmittel, um Gedanken den gewünschten, sichtbaren Anstrich zu verleihen.

Rot ist die Farbe des Feuers, der Wärme und Zuneigung, aber auch die Farbe des Blutes, die stets mit dem Kriegsgott verbunden war. Sie ist eine Farbe, die mit Aktivität zu tun hat, auch mit Kampf und Einsatz.

Blau, die Farbe des Wassers, ist auch die Farbe der Gefühle und der Träume, die Farbe des Himmels und des Alls. Blau ist eine kühlende, beruhigende Farbe, und es ist außerdem die Farbe der Karriere – denken Sie nur an Nadelstreifen und dunkelblauen Faltenrock.

Gelb ist die Farbe der Sonne, die in unser Leben Licht und Klarheit bringt. Zugleich ist Gelb die Farbe der Freude, der Kreativität und der Kommunikation.

Grün ist die Farbe des neuen Lebens, der grünen Wiese und der Blätter der Bäume, der immergrünen Nadeln, des Wachstums und der Hoffnung.

Orange ist die Farbe der Apfelsinen und der buddhistischen Mönche, sie strahlt, weckt Aufmerksamkeit und rüttelt auf – leuchtend wie Gelb und nicht so aggressiv wie Rot.

Lila ist nicht nur „der letzte Versuch", wie es in den siebziger Jahren in Bezug auf Emanzen spöttisch hieß, sondern auch eine spirituelle Farbe – vor allem eine Farbe der Veränderung. Sie schlägt die Brücke zwischen Rot und Blau, zwischen aktivem Handeln und sensiblem Hinspüren. Es ist möglich, dass Sie Lila in einer bestimmten Phase Ihres Lebens wunderschön finden und bald darauf gar nicht mehr verstehen können, dass Ihnen diese Farbe einmal so wichtig war.

Purpur als Sonderform von Lila ist die Farbe der Kardinäle und der Herrscher. Wo Purpur eingesetzt wird, ist neben dem spirituellen Aspekt immer auch ein Machtanspruch im Spiel.

Braun ist keine Spektralfarbe, und auch in Goethes Farbenlehre findet Braun keinen Platz. Zum Verständnis dieser

Unfarbe helfen uns die wunderschönen Assoziationen, die Joseph Beuys aufgrund eigener Erfahrungen mit Braun verband: Es ist die Farbe des Schoßes der Erde, steht für Schutz, Wärme, die Quelle des Lebens und Geborgenheit.

Rosa ist nicht nur die Farbe kleiner Mädchen oder der rosa Brille, sondern auch die der zarten, unschuldigen ersten Liebe. Sie ist allen Assoziationen an rosa Zuckerguss und anderen Kitsch zum Trotz erstaunlich machtvoll!

Schwarz ist wie Weiß keine Farbe, sondern die Summe oder das Fehlen aller Farben. Es birgt alle Möglichkeiten in sich, signalisiert zunächst einmal Schutzbedürfnis und in unserem Kulturkreis den Tod.

Weiß ist dagegen die Farbe der Reinheit, des Lichts, der Unbeflecktheit, aber auch der Sterilität und Farblosigkeit schlechthin. Weiß lässt wie Schwarz alle Möglichkeiten offen und kann Sie im Winter vor Depressionen bewahren – in Gestalt von hellem Licht, beim Skifahren oder beim Eislaufen.

Die Möglichkeiten, Ihre Gedanken ins rechte Licht zu rücken und ihnen den passenden farbigen Anstrich zu verleihen, sind also vielfältig und differenziert. Gleich ob bei Kerzen oder Kleidern – die passende Farbe kann Ihnen Kraft geben und Ihre Ziele unterstützen. Oft reicht bereits ein kleiner Farbfleck an der richtigen Stelle volkommen aus.

Auch bei der Wahl der Farben gilt: Es muss für Sie passen. Lassen Sie sich nicht verunsichern. Wenn Sie eine Farbe ganz anders erleben, als sie hier beschrieben wurde, ist das in Ordnung und spiegelt eben Ihre individuelle Erfahrung, Ihr persönliches Empfinden wider.

Wenn Sie mit anderen Menschen zu tun haben, könnte es jedoch sein, dass sich Ihre individuelle Wahrnehmung nicht mit der Wahrnehmung anderer deckt. Rot wird von den meisten Menschen als dynamisch, schwungvoll und aggressiv empfunden – ganz gleich, ob Sie selbst dabei ausschließlich an die Liebe denken oder nicht. Berücksichtigen Sie das, wenn Sie sich für eine Besprechung ankleiden.

Bänder

Sicher haben Sie schon einmal ein Freundschaftsarmband geschenkt bekommen. Hat Ihnen der Schenkende auch gesagt, dass Sie es tragen müssen, bis es von selbst abfällt, während er es Ihnen umgebunden hat? Dahinter steckt ein altes Wissen: Das Freundschaftsarmband symbolisiert eine Bindung auf einer anderen Ebene – das Band Ihrer Freundschaft. Wenn Sie es lösen, lösen Sie zugleich die Freundschaft.

Auch Sie selbst haben schon oft einen Bindezauber durchgeführt, möglicherweise ohne sich dessen bewusst zu sein. Denken Sie nur an die guten Wünsche, die Sie symbolisch mit dem Geschenkband an ein Geschenk binden. Das Binden von Fäden und Bändern ist ein alter Analogiezauber.

Wenn Sie beim Zaubern Bänder und Fäden einsetzen, können Sie auf eine reiche Tradition zurückgreifen. In dem Lied „Zum Tanze, da geht ein Mädel“ wird beschrieben, wie das Mädel dem jungen Burschen ein „güldenes Band“ gar fest um die Hand schlingt; er fleht sie an, das Band zu lockern, verspricht, auch ohne Band zu bleiben, doch „kaum löset die schöne Jungfrau das güldene Band, da war in den Wald schon der Bursche gerannt“, zurück in die Freiheit eines ungebundenen Lebens.

Es geht bei Bändern jedoch nicht nur um Freundschafts- oder Liebesbande: Ein Band, das um geweihte Kräuter gewickelt war, soll traditionsgemäß deren Kraft auf einen verrenkten Arm übertragen, sobald es um diesen herumgewunden wird. Ein Band, das Sie sich um den Hals legen, schützt auch dann vor bösem Zauber, wenn Sie kein Amulett daran hängen, es bildet eine wirksame Barriere. – Eine Spielart bösen Zaubers sind übrigens auch Halsschmerzen. Ein rotes Seidenband, um einen schmerzenden Hals gebunden, hat es schon so manches Mal wieder gut gemacht.

Gerade rote Bänder wurden schon seit alter Zeit im Abwehrzauber gegen böse Geister und Zauber eingesetzt – nicht nur bei Weinstöcken und Zugtieren. Im angelsächsischen Raum wurden Akten mit einem roten Band, dem „red tape“, umschlungen, mit dem seither der „Amtsschimmel“ bezeichnet wird. Wenn Sie Ihre Liebesbriefe mit einem roten Band oder Faden umbinden, stellen Sie sie unter den gleichen mächtigen Schutz wie der englische Amtsschimmel seine Akten.

Ebenso wie gute Wünsche an ein Geschenk oder Freundschaft an das Handgelenk einer nahestehenden Person können Sie auch anderes anbinden – etwa Krankheiten an einen Baum. Dazu umwickeln Sie das erkrankte Körperglied mit einem Band, das Sie dann „unter Beschwörungen“ lösen und an einem Baum befestigen. Mit dem Band übertragen Sie zugleich die Krankheit an den Baum.

Bindungen lösen Sie, indem Sie ein Band (wieder) lösen. Wurde eine Bindung nie durch ein reales Band besiegelt, so lösen Sie sie auf der magischen Ebene, indem Sie sie zunächst symbolisch herstellen und dann lösen. Das klingt komplizierter, als es ist. Wählen Sie ein Band aus, das für Sie die Bindung (die Beziehung zu einem Menschen oder einem Tier, ein Arbeitsverhältnis, ein Land oder was auch immer) verkörpern soll, umwinden Sie damit den Teil von sich selbst, der für Sie diese Bindung symbolisiert, spüren Sie, wie sich das anfühlt, und lösen Sie dann diese Bindung zugleich mit dem Band.

Dieses Band sollten Sie für keinen anderen Zweck verwenden. Am besten ist es, wenn Sie damit genau das tun, was Ihrer Vorstellung nach mit der Bindung geschehen sollte: Vergraben oder verbrennen sie es, lassen Sie es im Wind davonflattern oder werfen Sie es in ein fließendes Gewässer. Oder, anders ausgedrückt, übergeben Sie es einem der vier Elemente.

Gerade diese Beispiele zeigen deutlich, wie bildhaft unsere Sprache ist. Viele Formulierungen besitzen auf realer und auf übertragener Ebene eine Bedeutung.

Knoten in einem Band sind ein mächtiger Hemmzauber. Einem Strick mit neun Knoten wurde früher sogar die Wirkung zugesprochen, denjenigen töten zu können, dem er ins Bett gesteckt wurde. – Da auch der klassische Henkersknoten neun Windungen aufweist, ist dies eine deutliche Analogie zu einer gewaltsamen Todesart.

Wenn Sie etwas nicht vergessen wollen, machen Sie einen Knoten ins Taschentuch. Sie verknüpfen dabei die Ecke Ihres Taschentuchs und den Gedanken, gleichsam als würden Sie ihn einknoten. Sie können auch andere Gedanken in ein Band hineinknüpfen, wenn Sie einen Knoten machen. Die Knoten im Freundschaftsarmband sind ein gutes Beispiel hierfür.

In England erklärt man die Bedeutung der Knoten etwas anders: Sie sollen Dämonen begeistern und ablenken, die eigentlich vorhatten, Sie vergessen zu lassen, woran Sie sich zu erinnern versuchen. Üben Sie sich also beizeiten darin, besonders kunstvolle Knoten zu knüpfen – vielleicht hilft es tatsächlich gegen den Dämon der Vergesslichkeit!

Die magische Bedeutung, die ein Knoten in einem Band für uns hat, zeigt sich indirekt dort, wo er fehlt. Oder wird Ihnen nicht auch unbehaglich zumute, wenn Sie jemanden sehen, der seine Schuhbänder offen trägt? Doch das hatte weiland auch sein Gutes: Ein Schutz gegen das gefürchtete Nestelknüpfen – wenn also während einer Eheschließung eine Hexe in ein Band Knoten machte, was die Impotenz des Ehemannes zur Folge haben sollte – bestand darin, dass der Bräutigam auf dem Weg zu seiner Trauung die Schuhbänder sicherheitshalber offen trug. Lassen Sie Ihren halbwüchsigen Sprössling also ruhig in Turnschuhen mit offenen Schuhbändern herumspazieren, wenn er das „cool“ findet – wer weiß, ob er die Fähigkeit, dabei nicht zu stolpern, nicht noch einmal brauchen kann!

Zum Binden und Verknoten in seiner einfachsten Form benötigen Sie noch nicht einmal ein Band. Verschränkte Arme, gefaltete Hände und gedrückte Daumen sind von alters her Mittel, um Unheil zu bannen oder zu verhindern.

Beobachten Sie einmal Ihre Körpersprache oder die Ihrer Umgebung. Wann sitzen Sie mit überkreuzten Beinen da? In welcher Art von Gespräch verschränken Sie die Arme? Versuchen Sie, sie in dieser Situation ganz bewusst zu lösen, und Sie werden spüren, um wie viel offener Sie plötzlich sind – aber auch, welcher Schutz Ihnen nun plötzlich fehlt. In diese Kategorie von Knoten gehört übrigens auch das altbekannte Ableiten des Unheils, der erwarteten Strafe Gottes, durch die gekreuzten Zeige- und Mittelfinger beim Meineid.

Speisen und Tränke

Unser Geschmackssinn ist ein sehr alter Sinn und besitzt so etwas wie eine direkte Verbindung zu wenig rationalen Teilen unseres Lebens: zu unseren Stimmungen und unserem Wohlbefinden. Nach einem guten Essen fühlen wir uns rund und rundum zufrieden oder sexuell angeregt, nach einem aromatischen Tee fühlen wir uns wohlig entspannt oder kreativ.

Magie mit Hilfe kulinarischer Genüsse lässt sich besonders gut in unseren Alltag einbinden; hierzu finden Sie ab Seite 119 einige Tipps.

Plastische Darstellungen

Als Träger eines Wunsch- oder Schutzzaubers bieten sich verschiedene Materialien an. Die bekanntesten sind Papier (auf das Sie Ihren Wunsch zeichnen oder schreiben) und plastische Darstellungen, also Stoffpuppen, Tonfiguren oder andere greifbare Verkörperungen Ihres Ziels.

Papier

Papier kann ein wichtiges Hilfsmittel beim Zaubern sein – wenngleich nicht unbedingt am Arbeitsplatz. Eine beliebte Form des Zauberns mit Papier ist nämlich damit verbunden, dass man das Papier beschreibt und anschließend verbrennt. Und Sie wollen sicher weder in den Ruf geraten, dass Sie heimlich Akten vernichten, noch Ärger mit der Betriebsfeuerwehr bekommen, oder?

Beschriebenes Papier hängen Sie sich als Amulett um den Hals oder stecken es zusammengefaltet in die Brusttasche. Lachen Sie nicht: Fühlen Sie sich etwa nicht wohl, wenn Sie einen Liebesbrief Ihres Herzallerliebsten bei sich tragen? Gibt er Ihnen nicht auch das Gefühl, sicher und geschützt durchs Leben zu gehen? Ebenso wie dieser Liebesbrief von selbst bei Ihnen wirkt, kann Sie jedes andere Stück Papier magisch schützen, wenn Sie Ihre Gedanken auf den Schutz, den es ausüben soll, richten, während Sie es beschreiben.

Was Sie schreiben, hängt vollkommen von Ihrem Ziel ab. Früher erfreuten sich Bibelsprüche großer Beliebtheit, vor allem, wenn sie in lateinischer Sprache geschrieben waren. Sie boten nicht allein Schutz durch das Gotteswort, sondern besaßen dank ihrer Unverständlichkeit zusätzlich magische

Wirkung. Heute bietet es sich an, mit Affirmationen zu arbeiten. Das sind positive Glaubenssätze, die meist mit „Ich“ beginnen und ein Ziel oder eine geistige Haltung, die Sie besonders dringend erreichen möchten oder benötigen, als bereits eingetretenen Ist-Zustand formulieren. Ein Beispiel: „Ich darf Erfolg haben.“

Stellen Sie sich vor, Sie sind eine allein erziehende Mutter, mit Freuden berufstätig, und Ihr Kind geht gern in den Kindergarten. Das könnte ein Idyll sein, wäre da nicht immer wieder das schlechte Gewissen, das Sie überfällt, wenn Sie mit dem – ausgesprochenen oder stillschweigend vermittelten – Bild der idealen Mutter konfrontiert werden, die 24 Stunden am Tag für ihr Kind da ist. Vor diesem schlechten Gewissen können Sie sich mit Hilfe eines Stück Papiers schützen: Wenn auch bei Ihnen der Satz „Gute Mütter arbeiten“ wie eine Bombe einschlägt, stecken Sie ihn sich doch in Ihre Brieftasche oder kleben Sie ihn an Ihren Computerbildschirm oder legen Sie ihn auf die Ablage Ihres Autos. So kann er Ihnen überall, wo das Ideal der Supermutter in Ihnen ein schlechtes Gewissen auslöst (während Sie Geld ausgeben, arbeiten oder im Stau stecken), die Kraft geben, zu der von Ihnen gewählten Lebensform zu stehen.

Beschriebenes Papier können Sie sich auch einverleiben, indem Sie es klein schneiden und unters Essen mischen, oder indem Sie es im übertragenen Sinne zu sich nehmen.

Damit knüpfen Sie an die Tradition der Conceptionszettel an. Das waren Papierstücke, auf denen die Worte „Conceptio Immaculatae Beatae Mariae Virginis“ standen (was ebenso lateinisch wie für die meisten Menschen unverständlich, in diesem Fall aber auch ungefährlich war, denn es besagt nichts anderes als „Unbefleckte Empfängnis der seligen Jungfrau Maria"). Diese Zettel wurden unters Essen gemischt oder in Wein getaucht, den man gegen Fieber trank. Vom Zettel übertrug sich die magische Wirkung seiner Beschriftung auf die Speise oder den Wein und dann auf die kranke Person.

Figuren aller Art

Wenn Sie Ihren Wunsch in plastischer Form darstellen, knüpfen Sie an die Tradition des Bildzaubers an, die in der ganzen Welt zu finden ist. Voodoo-Puppen sind nur ein Beispiel unter vielen. Auch in Europa wurden Tonfiguren, die eine bestimmte Person darstellen sollten, dazu benutzt, dieser einen Schaden zuzufügen – auf analoger Ebene. Sie wurden geformt, getrocknet und dann mit Nadeln oder Dornen besteckt. So wie die Figur sollte auch die Person leiden – an den Körperstellen, die durch die Nadeln oder Dornen durchstochen waren. Um den anderen wirklich umzubringen, glaubte man, es reiche aus, ein Körperglied der Figur zu verbrennen. Was die Hexe tat, damit dieser Schadenzauber nicht dreifach auf sie zurückfiel, ist allerdings nicht überliefert.

Sie können solche Figuren jedoch auch für andere Zwecke verwenden. Wenn Sie sich beispielsweise einen Ehemann wünschen, basteln Sie eine Puppe von sich selbst als Braut. Wenn Sie sich Reichtum wünschen, lassen Sie die Puppe, die Sie selbst darstellt, symbolisch zu Geld kommen oder stellen Sie sie so dar, wie Sie sich selbst nach Eintreffen des Geldes sehen. Wenn Sie sich ein Kind wünschen, fertigen Sie eine Puppe von sich selbst mit schwangerem Bauch an.

Puppen von anderen Personen herzustellen ist heikel, denn sie könnten – wenn nicht von Ihnen, so doch von anderen – zu Schadenzaubern missbraucht werden. Außerdem sollten Sie sich bei allem, was Sie mit der Puppe einer anderen

Person unternehmen, sehr genau fragen, ob Sie hier wirklich zum Wohle aller handeln oder der anderen Person Ihren Willen aufzwingen. Stellen Sie sich im Zweifelsfall wieder vor, ein anderer stelle dasselbe mit Ihnen an.

Die Welt der Rituale

In diesem Buch finden Sie eine Form der Magie, die ohne aufwendige Rituale auskommt. Das hat mehrere Gründe.

Es geht hier um Alltagshexereien – also um Dinge, die Sie in Ihrem Alltag auf magische Weise bewegen und erreichen können, ohne dass Sie dazu viel Aufwand treiben müssen. Wenn Sie mitten im Büroalltag anfangen, Kerzen zu entzünden, in Meditation zu versinken oder singend im Kreis zu gehen, wird sich ein gewisser Erklärungsbedarf einstellen und der Zeigefinger an der Stirn Ihrer Kollegen ist Ihnen sicher.

Wenn Sie in der Lage sind, Ihren Wunsch, Ihre Bitte, Ihr Anliegen auch ohne Hilfe eines Rituals konzentriert und gesammelt vorzubringen, können Sie ebensogut ohne Ritual arbeiten. Magie funktioniert auch ohne Rituale, und umgekehrt bewirkt ein Ritual allein noch keine Magie.

Rituale, besonders alte Rituale, die seit Jahrhunderten unverändert durchgeführt werden, sind beinahe so etwas wie eine Autobahn ins Universum. Wünsche oder Bitten, die diesen Weg entlang kommen, müssen sich nicht erst mühsam einen Pfad bahnen, sondern finden die Zufahrt zur Audienz direkt.

Ein Ritual kann Ihnen helfen, sich zu konzentrieren, alle anderen Gedanken auszuschalten und ernst und gesammelt zu handeln. Es kann Ihnen helfen, den Alltag mit seinem Lärm und seiner Hektik für einen Moment hinter sich zu lassen und mit Ihrem inneren Kern und den Wesen, die Sie begleiten und behüten, in Verbindung zu treten. Die Stärkung, die Sie daraus beziehen, bereichert Ihren Alltag und Ihr Seelenleben.

Rituale können die Wirkung einer Symbolhandlung verstärken. Sie haben nämlich eine wunderbare Eigenschaft: Sie drücken das, was die symbolische Handlung bezweckt, auf vielen Ebenen aus. Sie verknüpfen uns mit uralten Traditionen, machen uns den Sinn und die Macht, die von ihnen ausgehen, bewusst und stellen uns in die endlose Reihe der Menschen vor uns, die diese Tradition gepflegt haben. Sie sind also machtvolle Handlungen.

Rituale nehmen ein Ereignis, ein Ergebnis, das Eintreten eines Wunsches vorweg; sie lassen uns so handeln, als wäre dieses Ereignis bereits eingetreten und verändern dadurch unsere Zukunft.

Ein Ritual macht man nicht „so nebenher" oder zum Zeitvertreib. Ein halbherziges Ritual ist wie ein bisschen schwanger – ein Unsinn. Magie verlangt ein ernsthaftes Bekenntnis zu dem, was Sie tun und was Sie damit erreichen wollen. Wenn Sie nicht sicher sind, ob Sie das wirklich wollen, lassen Sie es.

Rituale können sehr unterschiedliche Aufgaben erfüllen: Sie können dazu dienen, einen Wunsch oder eine Bitte „abzuschicken". Das können Sie ganz wörtlich nehmen:

Schreiben Sie Ihren Herzenswunsch (nach einem Partner, einem neuen Job, einer schöneren oder größeren oder helleren Wohnung oder was auch immer) auf ein schönes Stück Papier.

Übergeben Sie dieses Papier dann dem Element, von dem die größte Unterstützung für Ihren Wunsch kommt:

- dem Wasser, wenn es um Gefühle oder um die Heilung von Gefühlen geht, um Unschuld und Vertrauen,

- der Erde, wenn das Thema Ihr Körper oder die (Unterstützung durch die) Ahnen ist,
- der Luft oder dem Wind, wenn im Mittelpunkt Klarheit, beruflicher Erfolg oder eine neue Verantwortung stehen,
- dem Feuer, wenn Sie um Erkenntnis, Leichtigkeit oder die Kraft der Transformation bitten.

Wenn Sie Ihren Wunsch nicht abschicken wollen, können Sie ihn in einem Ritual dadurch Realität werden lassen, dass Sie ihn darstellen – genauer: das Ergebnis. Sie können ihn

- aufschreiben oder aufzeichnen oder malen,
- formen (aus Ton, Bienenwachs, Erde, Holz, Wolle, natürlichen Materialien),
- ausdrücken mit Tanzen, Singen oder Sprechen.

Mit dem Akt des Darstellens nehmen Sie das Eintreten des Wunsches auf der symbolischen Ebene vorweg.

Außerdem können Rituale etwas willkommen heißen – neue Lebensumstände, ein Kind, einen Partner – oder etwas bekräftigen – etwa eine Entscheidung oder eine Trennung.

Die Hilfsmittel, die zum Handwerkszeug einer modernen Alltagshexe gehören, wurden bereits besprochen (ab Seite 24). Je nach Ziel und Zweck Ihres Rituals benötigen Sie noch weitere Zutaten, die Sie jedoch leicht finden, wenn Sie sich vor dem Ritual Fragen stellen wie die folgenden:

- Aus welchen Bestandteilen besteht mein Problem?
- Wie kann ich diese Bestandteile symbolisch darstellen?
- Was soll das Ergebnis sein?
- Was wäre dafür die richtige rituelle Handlung?
- Wer oder welche Energie kann mir dabei helfen?
- Wann wäre dafür der richtige Zeitpunkt?
- Was kann dabei schief gehen und worauf muss ich achten?

Nun spüren Sie nach, welche magischen Hilfsmittel Sie zur Unterstützung Ihres Rituals heranziehen möchten. Wenn Sie mit den Elementen oder den Himmelsrichtungen und den sie verkörpernden Kräften arbeiten möchten, holen Sie diese auf der symbolischen Ebene dazu – einzeln oder gesammelt, je nachdem, um welches Thema es bei Ihrem Anliegen geht.

- Wasser: Stellen Sie eine kleine Schale mit Wasser auf oder halten Sie das Ritual überhaupt an einem Gewässer ab.
- Feuer: Entzünden Sie eine Kerze.
- Erde: Verwenden Sie Steine oder Teile von Pflanzen – Blumen, Früchte oder Äste.
- Luft: Entzünden Sie Räucherwerk (Weihrauch, Räucherstäbchen, Baumharz, Kräuter) oder arbeiten Sie mit dem Wind.

Zusätzlich können Ihnen Rasseln, Trommeln, Gongs, Klangschalen oder Zimbeln helfen, den Platz zu reinigen, Geister herbeizurufen oder sich zu konzentrieren. Sie können Ihren Gesang damit unterstützen oder nur zu Beginn und am Ende des Rituals die Klangschalen anschlagen, um das Ritual akustisch vom Tagesgeschehen abzugrenzen.

Ein weiteres Hilfsmittel ist ein „Altartuch". Sie können ein schönes Tuch oder ein Stück Stoff ausbreiten, auf dem Sie das Ritual durchführen. Damit heben Sie Ihre Zutaten vom umgebenden Boden ab. Wenn Sie das Ritual zu Hause durchführen, entfernen Sie alle nicht benötigten Gegenstände von diesem Platz, auch wenn Sie ohne ein besonders Tuch arbeiten. An einem Küchentisch, der voll ist mit Kinderbasteleien, den Zutaten für das Abendessen oder den Postwurfsendungen des Tages werden Sie sich sicher nicht so sammeln können wie in einer geklärten Umgebung, in der sich nur das findet, womit sich Ihr Unterbewusstsein jetzt beschäftigen soll.

Ein eigenes Thema ist der Zauberstab. Er kann Ihre Hand und damit Ihren Machtbereich verlängern. Sie besuchen aber keine Schule für Hexerei und Magie und kaufen ihn daher nicht wie Harry Potter im Laden. Sie sind eine umweltbewusste Hexe und finden Ihren Stab (falls Sie einen brauchen) im nächsten Park, in Ihrem Garten, beim Spaziergang. Lassen Sie sich und ihm Zeit, sich aneinander zu gewöhnen, bis er gut in Ihrer Hand liegt – oder arbeiten Sie ohne.

Ein Ritual kann dann ablaufen wie im folgenden Vorschlag, den Sie ganz nach Ihren Vorstellungen abändern dürfen.

Zunächst reinigen Sie den Ort des Rituals. Liegt er im Freien, so entfernen Sie Müll oder störende Gegenstände, liegt er in einem Raum, so legen Sie zusätzlich Weihrauch auf die Räucherkohle.

Um Ihre Person herum errichten Sie einen magischen Kreis. Er dient zu Ihrem Schutz. Wenn Sie in seinem Inneren stehen, können Ihnen die Geister, die Sie rufen oder die sich zu Ihrem Ritual gesellen, nichts anhaben. Erfahrungsgemäß macht er Sie auch für spielende Kinder oder Spaziergänger fast unsichtbar, wenn Sie Ihr Ritual im Freien durchführen. Verlassen Sie ihn erst, wenn Sie alle Geister, die Sie riefen, ordnungsgemäß verabschiedet haben und Ihr Ritual abgeschlossen ist.

Wenn Sie traditionsbewusst sind, ziehen Sie Ihren magischen Kreis mit Holzkohle oder Kreide oder ritzen ihn mit einem neuen Messer oder Ihrem Zauberstab in den Boden. Das geschieht im Uhrzeigersinn – nur die, die Böses im Sinn haben, ziehen ihn links herum. Fehlt Ihnen dieses Traditionsbewusstsein, so sammeln und konzentrieren Sie sich, setzen Sie sich entspannt hin, atmen Sie in Ihre Mitte und lassen Sie das Licht in Ihrem Herzen wachsen und Sie bei jedem Atemzug ein wenig mehr erfüllen. Sie spüren den Frieden und die Sicherheit, die Ihnen dieses innere Licht gibt. Sie denken sich Ihren Kreis, treten bewusst hinein, bitten die Geister aller vier Himmelsrichtungen nacheinander im Uhrzeigersinn um ihren Schutz, schließen den Kreis hinter sich und bauen in dem

Kreis Ihren „Altar“ auf: Sie legen ein Tuch auf den Boden, wenn Sie wollen, stellen Erde, Luft, Feuer und Wasser im Norden, Osten, Süden und Westen auf und richten die übrigen Hilfsmittel her, die Sie für Ihr Ritual benötigen.

Nun liegt es an Ihnen. Sie rufen die Geister oder Wesen, die Sie ansprechen wollen mit Ihrer Bitte, übermitteln ihnen Ihren Wunsch, Sie lassen Ihren Zettel davonflattern oder -schwimmen oder vergraben oder verbrennen ihn. Sie sprechen dazu die Worte, die Sie ihm auf den Weg mitgeben wollen. Oder Sie formen Ihre Figur und gestalten sie so, dass sie das Ergebnis Ihres Wunsches vorwegnimmt, und bitten dabei die Geister oder Wesen oder Elemente, die Ihnen bei der Erfüllung helfen sollen, um ihren Beistand. Oder Sie gehen gedanklich in das Bild, das Sie von Ihrem Ziel kreiert haben, und bitten geeignete Wesen um ihren Beistand bei der Realisierung.

Das kann eine ganze Weile dauern.

Wenn Sie das Gefühl haben, dass Sie das, was Sie beabsichtigten, richtig auf den Weg gebracht haben, beenden Sie das Ritual. Sie bedanken sich bei den Geistern der Himmelsrichtungen für ihren Beistand – diesmal im Gegenuhrzeigersinn – und öffnen den Kreis wieder.

Hinterlassen Sie keinen Müll und löschen Sie alle Feuer, die Sie entfacht haben – denn Sie wissen ja: Alles kommt dreifach zu Ihnen zurück.

Planen Sie Ihr Ritual mit Sorgfalt. Es hat diese Aufmerksamkeit verdient. Eine Hochzeit oder Taufe wird ja auch nicht „auf die Schnelle“ zelebriert. Und ein Ritual kann in Ihrem Leben ebenso viel ändern wie eine Hochzeit!

Fragen Sie sich zunächst: Wann ist der beste Zeitpunkt? Sie können die Antwort mit Hilfe des Mondes finden:

- Der abnehmende Mond ist der optimale Zeitraum, um etwas loszulassen.

- Der zunehmende Mond ist geeignet, um etwas wachsen zu lassen oder zu rufen.
- Bei Vollmond ist der rechte Zeitpunkt, um etwas zu bekräftigen.
- Der Neumond ist optimal, um alte Laster aufzugeben und etwas Neues zu beginnen.

Sie können den richtigen Zeitpunkt auch mit Hilfe der Planeten finden, die auf analoger Ebene unsere Woche regieren:
- Montag: Mond
- Dienstag: Mars
- Mittwoch: Merkur
- Donnerstag: Jupiter
- Freitag: Venus
- Samstag: Saturn
- Sonntag: Sonne

Wenn Ihnen Mond und Planeten eher gleichgültig sind, weil Sie mit Engeln oder anderen Wesen arbeiten, oder wenn Ihr Ritual nicht bis zum nächsten Freitag warten kann, dann wählen Sie den Zeitpunkt vielleicht nach Kriterien wie: Wann bin ich ungestört? Wann hat mein Babysitter Zeit? Wann habe ich einen ruhigen Tag und abends noch die Kraft für mein Ritual?

Telefon und Handy, Türglocke und andere absehbare Störungen sollten Sie ausschalten. Wer Sie unbedingt erreichen will, wird es ein zweites Mal versuchen.

Zur Vorbereitung kann auch Fasten gehören. Es gibt Ihnen zusätzliche Klarheit. 24 Stunden ohne Nahrung (aber mit viel Flüssigkeit) hält auch ein ungeübter Faster leicht aus. Ein paar Tage vor einem wichtigen Ritual sollten Sie keinen Alkohol trinken. Er würde Ihre Wahrnehmung trüben. Wenn Sie sich dagegen am Ende des Rituals mit Weingeist in irgendeiner Form bei den Geistern für ihre Hilfe bedanken wollen, ist nichts dagegen einzuwenden.

Lassen Sie sich Zeit. Unmittelbar nach einem hektischen Bürotag oder einem stressigen Kindergeburtstagsfest werden Sie Schwierigkeiten haben, sich auf Knopfdruck zu sammeln. Ein Spaziergang in der Natur bringt Ihre Alltagsgedanken zur Ruhe und verbindet Sie mit der „Welt der Geister“.

Heben Sie das Ritual auch durch Ihre Kleidung aus Ihrem Alltag heraus: Legen Sie Ihre Bürokluft ab, ziehen Sie etwas an, in dem Sie sich wohl fühlen, vielleicht auch etwas, das Sie für ein Fest mit Freunden tragen würden.

Die Energie Ihres Rituals können Sie an einen anderen Platz übertragen, indem Sie es zu Hause durchführen und dann die Kerze, die Sie dabei entzündet, den Schal, den Sie dabei ganz bewusst getragen haben, oder das verwendete Duftöl in Ihren Berufsalltag mitnehmen. Diese Hilfsmittel werden die Energie des Rituals wieder wachrufen.

Zum Schluss nochmals der Hinweis: Seien Sie umsichtig beim Wünschen: Ihre Wünsche könnten in Erfüllung gehen. Sollten Sie etwas mit innerem Vorbehalt machen wollen, so wäre es besser, Sie lassen es bleiben. Sonst geht es Ihnen wie Goethes Zauberlehrling, der die Geister, die er rief, nicht wieder loswurde.

Doch lassen Sie sich bei alldem nicht verunsichern. In welcher Form Sie Magie in Ihren Alltag einbauen, ist letztlich allein Ihre Sache. Sie sind die einzige Person, die beurteilen kann, ob das, was Sie tun, so für Sie richtig ist und ob es die für Sie passende Form ist, Ihr Leben aktiv in die Hand zu nehmen und zu gestalten – gegen alle Widerstände und Ihre eigenen Ängste.

Im Blickpunkt: Ihre Person

„Ich für mich“ – unter diesem Motto steht das folgende Kapitel. Es enthält Anregungen und Tipps für Ihr Wohlbefinden. Die Mittel sind teils uralt, teils hochmodern. Lassen Sie sich davon verzaubern, lassen Sie sich inspirieren.

Abschied von der Nacht

„Was kann ein Tag schon bringen, der mit dem Aufstehen beginnt!“ Entfährt auch Ihnen dieser klassische Seufzer des Morgenmuffels jeden Tag aufs Neue? Vergessen Sie ihn am besten sofort.

Viel kann er bringen, der neue Tag, ja mehr noch: Alles! Alles, was das Schicksal in Form von Schönheit, Glück, Zufriedenheit, Erfolg und Humor in seinem Füllhorn bereithält. Mit den richtigen Einstellungen, Gedanken und Handlungen können wir uns dieses Füllhorn „geneigt“ machen und brauchen dann nur noch wie das kleine Mädchen im Märchen „Sterntaler“ im richtigen Moment die Schürze aufzuhalten, um die Sterne aufzufangen, die auf uns herniederpurzeln.

Begrüßen Sie den neuen Tag mit einem positiven Satz wie: „Guten Morgen, neuer Tag! Ich freue mich auf die Geschenke, die du heute für mich bereithältst!“

Wenn Sie gerade einen Albtraum hatten, haben Sie damit möglicherweise Schwierigkeiten. Beschließen Sie in diesem Fall die Nacht und die Gefühle, die dabei aufgetaucht sind, durch ein kleines Ritual:

Stellen Sie sich vor, Sie treten aus einem düsteren Gang durch eine Tür auf eine Wiese im Sonnenlicht. Schließen Sie die Tür hinter sich, schnippen Sie mit den Fingern und bringen Sie sie dadurch zum Verschwinden. Sie stehen jetzt mitten auf einer saftigen Blumenwiese im Sonnenschein. Spüren Sie das taufeuchte Gras unter Ihren Füßen, hören Sie das Summen der Insekten und genießen Sie die Wärme der Sonnenstrahlen auf Ihrer Haut! Tun Sie nichts – spüren, hören und genießen Sie einfach nur. Wenn Sie „vollgetankt" haben, steigen Sie aus dem Bett und umarmen Sie den Tag. Breiten Sie Ihre Arme aus und sagen Sie: „Ich bin bereit!" Wenn Sie dabei ein freundliches Gesicht machen, wird der Tag Ihnen sicher auch freundlich begegnen.

Zählen Sie zu den Menschen, die den Tag mit einem Leckerbissen für Körper oder Geist beginnen – machen Sie morgens Yoga, Tai Chi oder meditieren Sie? Dann wissen Sie ja selbst, wie sich ein so begonnener Tag anfühlt: herrlich! Oder gehören Sie eher in die Gruppe der „Radio-Kaffee-Schlagzeilen"-Menschen? Dann sollten Sie überlegen, ob Sie sich für einen sanften Einstieg ins Tagesgeschehen nicht lieber eine Zeitnische bauen, in der Sie allmählich aus der Nacht in das Tempo des Tages wechseln können.

In den ersten Minuten nach dem Aufwachen befindet sich unser Gehirn noch im Alpha-Zustand – das Unterbewusstsein ist sperrangelweit offen, wir sind empfindlich (weil für alle Reize besonders empfänglich), und die Verbindung zu unserem „inneren Wunscherfüller" ist sehr stark. Das ist die Chance für Sie, Wunschbilder für den Tag zu entwerfen.

Wünschen Sie sich gerade jetzt ein Foto vom letzten schrecklichen Verkehrsunfall? Nachrichten über Krieg, Hunger, Umweltkatastrophen? Werbung? Wollen Sie diesen kostbaren Zeitraum nicht lieber nützen für eine individuelle Bestellung beim Universum? Für eine Kontaktaufnahme mit Ihrem höheren Selbst oder wie immer Sie es auch nennen?

Entwerfen Sie ein Bild von Ihrem aktuellen Wunsch – egal, wie groß oder klein er ist – und stellen Sie sich vor, wie es ist, wenn er erfüllt ist. Sie selbst sollten in diesem Wunschfilm natürlich auch vorkommen. Also spielen Sie Regisseur, Produzent und Hauptdarsteller: Entwerfen Sie eine Szene, in der Ihnen Ihr Traummann über den Weg läuft, Ihr Chef Ihnen seine Anerkennung in Form einer Gehaltserhöhung ausdrückt, Ihre Kinder mit guten Noten aus der Schule kommen, Sie Ihre Traumwohnung finden ... Ihrer Phantasie und Ihren Wünschen sind keine Grenzen gesetzt.

Denken Sie daran: Unser Unterbewusstsein kennt kein Nein. Setzen Sie nur positive und positiv formulierte Wünsche in die Welt! Dann wird Ihnen auch nur Positives widerfahren! Freude, Mitgefühl und Liebe wirken wie ein Ladegerät und erhöhen Ihre Schwingung.

Wenn Sie nicht allein leben, können Sie dieses Gefühl in Ihre Familie hineintragen, indem Sie sich angewöhnen, jedem Mitbewohner einen „guten Morgen“ zu wünschen – und es auch so zu meinen.

Fit für den Tag

Nach dem sanften, guten Erwachen kann Ihr Tag weitergehen mit einer Dusche. Machen Sie aus der Reinigung Ihres Körpers ein magisches Ritual!

Duschen – nicht nur äußerlich

Egal, ob Sie sich morgens duschen oder waschen – tun Sie es bewusst! Wasser reinigt auf mehreren Ebenen – es schwemmt auch negative Energien fort. Wenn Sie einen Albtraum hatten, können Sie neben dem Wiesenritual auch noch unter die Dusche steigen und alles, was von dem Traum noch an Ihnen haftet, wegduschen. Wenn Sie im Laufe des Tages eine unangenehme Begegnung hatten – einen Streit, den Kontakt mit einer unangenehmen Person – oder Zeuge eines Ereignisses wurden, das Sie aus dem Gleichgewicht gebracht hat, dann stellen Sie sich unter die Dusche und spülen Sie alles ab.

Wenn Sie möchten, machen Sie aus Ihrer morgendlichen Dusche ein ausführlicheres Ritual: Stellen Sie in Ihrem Badezimmer ein leeres Schälchen und Duftöl bereit – Zitrus- oder Orangenöl wäre fein. Füllen Sie zunächst warmes Wasser in Ihr Schälchen, geben Sie drei Tropfen Öl dazu und genießen Sie den frischen, erfrischenden Duft. Gehen Sie nun unter die Dusche. Der Duft begleitet Sie und reinigt Sie von innen. Wenn Sie auch Ihren Ohren etwas bieten wollen, stellen Sie einen CD-Player ins Bad und spielen Sie dazu Musik, die Sie mit Schwung und Sonne erfüllt. Beim einen ist es vielleicht Gloria Gaynors „What a Feeling", beim anderen Vivaldis „Vier Jahreszeiten" – probieren Sie es aus.

Die Sonnendusche

Ein Schutzritual, das Sie im Laufe des Tages immer wieder durchführen können, ist die Sonnendusche. Dazu stellen Sie sich vor, dass Sie in Ihrem geistigen Inneren ein Badezimmer haben. Denken Sie sich das schönste Bad, das Sie sich vorstellen können!

Ihr Traumbad hat eine Duschkabine mit zwei Hähnen: Auf einem steht „R", auf dem anderen ist ein Sonnensymbol abgebildet. Stellen Sie sich unter die Dusche und drehen Sie „R" auf. Das ist der Reinigungshahn. Stellen Sie sich vor, wie der Wasserstrahl jede Zelle von Ihnen erreicht und reinigt. Sehen Sie, wie schmutziges Wasser von Ihnen abläuft. Warten Sie, bis das abrinnende Wasser klar ist, dann drehen Sie „R" ab und den Sonnenhahn auf. Dieser Hahn ist mit einer großen Sonnenenergie-Empfangsanlage auf dem Dach verbunden. Es strömt nun reines Sonnenlicht auf Sie herunter, das jede Zelle Ihres Körpers erreicht. Füllen Sie Ihren Körper, bei den Füßen beginnend, langsam mit Licht auf. Lassen Sie das Licht auch aus Ihren Poren strömen, bis es eine etwa meterdicke Schicht um Sie bildet. Diese Schicht schützt Sie vor allen schlechten Gedanken und Einflüssen.

Überprüfen Sie tagsüber immer wieder, ob Ihre Sonnenhülle intakt ist. Wenn nicht, gehen Sie nochmals unter die Sonnendusche. Sie glauben, dafür hätten Sie keine Zeit? Das ist nicht gesagt. Eine Sonnendusche dauert nicht länger als eine Zigarettenpause – es ist nur eine Frage der Präferenzen.

Kleidung

Da es in unseren Breitengraden nicht üblich ist, nur mit einer Sonnenhülle bekleidet unter Menschen zu gehen, bleibt uns die tägliche Frage: „Was ziehe ich heute an?“ nicht erspart. Die Kleidung sollte im Wesentlichen drei Aufgaben erfüllen: Sie sollte der herrschenden Temperatur und der Witterung entsprechen, wir sollten uns darin wohl fühlen, und sie sollte unserem (beruflichen) Auftreten angemessen sein. Daher wird eine Geschäftsfrau in der Regel ebenso wenig im Jogginganzug zu einer Besprechung erscheinen, wie sich eine Joggerin im Businesskostüm und auf hohen Absätzen durchs Buschwerk arbeiten wird.

Was heißt nun aber: Wir sollen uns in unserer Kleidung wohl fühlen? Können wir uns in Kleidung entspannen, die so eng ist, dass wir kaum Luft zum Atmen bekommen? Kann uns etwas, das unbequem ist oder in dem wir uns aus einem anderen Grund nicht wohl fühlen (z. B. weil wir finden, dass uns diese Farbe oder dieser Schnitt eigentlich nicht steht), sicher durch den Tag begleiten?

Unsere Kleidung hat auch eine Schutzfunktion – vor der Kälte, vor neugierigen Blicken, vor mentalen Übergriffen, vor Missachtungen unserer Persönlichkeit. Wer diese Funktion begreift und bewusst einsetzt, wird auch schwierige Tage unbeschadet und gut geschützt überstehen. Hier haben es Frauen besonders gut: Sie können alle Register ziehen.

Sie haben einen Termin, in dem Sie tüchtig, aber nicht aggressiv wirken wollen? Tragen Sie Dunkelblau und vermeiden Sie knallrote Accessoires. Sie müssen Ihre Leistung vor einer größeren Gruppe präsentieren? Wählen Sie eine leuchtende Farbe (Sie wollen ja strahlen) wie Türkis, Pink oder was immer Ihnen steht, jedoch keinesfalls Schwarz. Sie stehen vor einer Auseinandersetzung, die all Ihre Kraft erfordert? Knallrot kann Ihnen hier helfen. Sie wollen sich keinen unnötigen Angriffen aussetzen, sondern in Frieden gelassen werden? Tragen Sie freundliche, helle Pastellfarben. Sie treffen einen Geschäftspartner, der gern auf Tuchfühlung geht? Lassen Sie das helle Wollminikleid und den rosa Pashmina-Schal zu Hause. Sie möchten als Frau wahrgenommen werden, jedoch nicht als dummes Frauchen? Tragen Sie ein Kostüm anstelle des Hosenanzugs, aber in gedeckten Farben statt Himmelblau.

Schützende Accessoires

Ist Ihnen schon aufgefallen, dass manche Tücher etwas Besonderes an sich haben? Sie fühlen sich besonders wohl, wenn Sie sie tragen. Vielleicht hatten Sie genau dieses Tuch um die Schultern gelegt, als Sie die Gehaltserhöhung bekamen? Vielleicht ist es auch eine Kette, mit der es Ihnen besonders gut geht. Trugen Sie die Halskette mit diesem Anhänger, als Sie Ihr erstes Rendezvous mit dem Mann hatten, mit dem Sie jetzt glücklich sind? Vielleicht ist es auch ein Ring, den Sie sich an einem Tag gekauft haben, an dem alles wie am Schnürchen lief?

Erinnern Sie sich! Auch Sie besitzen sicher so ein „magisches“ Accessoire. Wenn nicht, halten Sie in der nächsten Zeit danach Ausschau. Bestellen Sie es in Gedanken für den nächsten Einkaufsbummel. Sagen Sie sich: Innerhalb der nächsten zwei Wochen werde ich einen Schutzring finden, der mich im Umgang mit meinen Kunden, Mitarbeitern, Vorgesetzten, Mitmenschen vor negativer Energie schützt. Sie werden staunen – es wirkt! Es muss gar kein besonders auffälliger oder wertvoller Ring sein. Aber er wird Sie spürbar schützen. Vielleicht auch nur, indem er Sie daran erinnert, Ihre Sonnenhülle intakt zu halten.

Statt eines Rings kann es auch ein Anhänger sein. Aus der Fülle der Edelsteine bieten sich einige für diesen Zweck besonders an:

- Ein wunderbarer Stein, um sich einfach rundum gut zu fühlen, ist der Honigkalzit. Seine Farbe ähnelt einer reifen Honigmelone und sie allein schon erwärmt das Herz. Er schenkt Zuversicht und Wärme, baut auf und lässt uns das Leben wieder lebenswert erscheinen.
- In den seltensten Fällen verkehrt ist der Hämatit. Er verleiht Lebensmut, unter seinem Einfluss wachsen wir über uns hinaus, wagen Dinge, vor denen wir uns vorher fürchteten, und überraschen uns selbst.
- Der Rosenquarz ist ein guter, täglicher Begleiter. Er gibt uns unser Urvertrauen zurück und versöhnt uns mit der Welt und uns selbst. Seine sanfte Energie mögen auch Kinder.

Zeit für Schönheit

Es ist wie verhext: Manche Menschen können noch so unausgeschlafen sein, ungeschminkt und überarbeitet, und dennoch wirken sie wie aus dem Ei gepellt, besitzen eine natürliche Schönheit, strahlen und sind irgendwie undatierbar.

Andere geben viel Geld für ihre Schönheitspflege aus. Wozu gibt es schließlich die diversen Pflegeprodukte für Haut und Haar, die neben porentiefer Reinheit auch Fülle, Glanz und Seidenglätte für den Schopf, Jugendlichkeit und strahlende Schönheit für das Haupt und Elastizität und Pfirsichhaut für den Rest des Körpers bewirken sollen …

Den Versprechungen der Werbung zufolge könnten wir eigentlich alle unentwegt und bis ins hohe Alter hinein täglich aussehen wie frisch aus dem Ei geschlüpft. Das tun wir aber nicht.

Um es gleich vorweg zu sagen: *Das* Mittel gegen das Altern gibt es nicht. Auch Hexen bekamen zu allen Zeiten Falten, graue Haare, einen Hängebusen und hatten sicher dann und wann sogar einen Pickel auf der Nase (von der klassischen Warze einmal ganz abgesehen).

Wir können allerdings die Faltenbildung verzögern, den Teint auffrischen und für eine reine, wenn auch nicht makellose Haut sorgen, indem wir uns viel an frischer Luft bewegen, gut und lange schlafen, nicht rauchen, gesund essen, uns ausreichend reinigen und Haut und Haar mit genug Fett und Feuchtigkeit versorgen.

Ein magisches Schönheitsmittel, das Ihnen sicher vertraut ist, besteht darin, sich frisch und Hals über Kopf zu verlieben. Die Sache hat nur einen Haken: Wenn Sie sich in einen Traumpartner verlieben und nun anfangen, sich vor allem „für ihn" schön zu machen, Ihrer Haut Gutes zu tun und ein gesundes Leben zu leben, damit Sie stets taufrisch wirken, ist die Wirkung dieser Schönheitskur gleichzeitig mit der Verliebtheit auch schon wieder vorbei. Am besten ist es daher, Sie machen sich grundsätzlich nur für einen einzigen Menschen auf der Welt schön: für sich selbst. Sie verdienen immer und zu jeder Zeit Ihre ungeteilte Aufmerksamkeit und Zuneigung. Beschenken Sie sich damit – täglich!

Träumen Sie auch vom Aufenthalt auf einer Schönheitsfarm? Worin besteht die Faszination dieser Einrichtung? Ist es die Qualität und Wirksamkeit der Mittel, die dort verwendet werden? Wohl kaum. Viel wahrscheinlicher ist es die viele Zeit, in der Sie sich dort ohne schlechtes Gewissen und ungestört durch klingelnde Telefone sich selbst und Ihrem Körper widmen dürfen.

Nehmen Sie sich diese Zeit doch auch zu Hause! Moorpackungen und Zutaten, nach deren Anwendung Sie das Badezimmer zwei Stunden lang putzen müssen, lassen Sie einfach weg. Wenn Sie fürchten, Sie schaffen es alleine nicht, sich konsequent Zeit für sich zu nehmen, verabreden Sie sich mit einer Freundin zu einem festen Termin einmal in der Woche. Gehen Sie mit Ihren Utensilien gemeinsam am Frauenabend ins Dampfbad und tragen Sie die Gurkenscheiben dort auf. Oder besuchen Sie sich gegenseitig und massieren Sie einander mit hautstraffenden Ölen den Rücken, während die Haarpackung einzieht.

Schönheit hängt nicht von ein paar Pfund oder Falten mehr oder weniger ab. Mit einigen guten Zutaten, ein wenig Hexerei und Zeit für sich selbst können Sie eine ganze Menge für sich selbst tun.

Körperpflege einmal anders

Dazu, dass Sie Ihr Leben selbst in die Hand nehmen, gehört auch, dass Sie bewusst entscheiden, was Sie an Ihre Haut lassen. Und machen Sie aus Ihrer Körperpflege ein magisches Ritual: Sagen Sie Ihrem Körper, dass Sie ihn jetzt verwöhnen wollen, bitten Sie die Zutaten, Ihrer Haut Wohlbefinden, Straffheit, Glanz oder was auch immer zu verleihen und Ihnen Entspannung und Wohlbefinden zu schenken.

Vollbäder sind neben heißen Suppen der beste Erste-Hilfe-Zauber gegen Traurigkeit, Mutlosigkeit und Verlorenheit sowie Kränkeleien jeder Art. Eine Badewanne voll heißem Wasser ist etwas Wunderbares. Es reinigt, durchblutet und hebt die Stimmung. Heiße Bäder machen zudem aber auch noch schön.

Vor einem regenerierenden und pflegenden Bad sollten Sie sich kurz duschen. Ihre Haut ist dann schon gereinigt und bereit für die Aufnahme der Zutaten, mit denen Sie sie verwöhnen wollen. Während das Wasser in die Wanne einläuft, bereiten Sie das Badezimmer vor: Stellen Sie einen Kerzenleuchter auf (nie erscheint Haut so schön wie im Kerzenlicht) oder legen Sie Musik auf, bei der Sie sich wohlfühlen und entspannen können, richten Sie ein schönes großes Handtuch her, in das Sie sich nach dem Bad hüllen können, oder legen Sie den Schmöker griffbereit, den Sie in der Wanne lesen wollen.

Ölbad

Ein Ölbad bringt es zwar mit sich, dass Sie die Wanne hinterher mit Fettlöser putzen müssen, damit der nächste, der hineinsteigt, nicht ausrutscht, es ist jedoch Balsam für Ihre Haut.

Ölbad

1 Esslöffel Honig
je 3 Tropfen Kamille, Rose und Lavendel
1 Schuss Sonnenblumenöl

In einem kleinen Schälchen verrühren Sie den Honig und die ätherischen Öle miteinander und vermischen diese Paste dann mit dem Sonnenblumenöl. Erst wenn die Wanne voll ist, geben Sie die Mischung ins Badewasser und verteilen sie darin gut mit den Händen. Duschen Sie das Öl nach dem Bad nicht ab, sondern lassen Sie es in Ruhe in die Haut einziehen.

Im übrigen: Honig ist nicht nur wunderbar in einem Ölbad, er dient im Orient auch als Gleitmittel und erhöht die Genussfähigkeit der Frauen beim Geschlechtsakt.

Salzbad

Wenn Sie bis übermorgen einen Zentimeter Taillenumfang verlieren müssen, damit Sie beim Fest Ihrer Freundin in ein besonders kleines, besonders schickes Schwarzes passen, könnten Sie es mit 1,5 Kilo Meersalz im Badewasser versuchen. Das kann immerhin ein halbes Kilo verschwinden lassen. Danach sind Sie schlapp und sollten dick eingepackt ins Bett, wo Sie nun noch ein Weilchen weiter entschlacken.

Duftende Seifenkugeln

Damit Sie den Aufwand nicht immer wieder betreiben müssen, hier gleich die Mengenangaben für einen größeren Vorrat:

Seifenkugeln

200 g	Schwertlilienwurzel
150 g	Lavendel
125 g	Kalmuswurzel
175 g	Rosenblätter
1,5 kg	Olivenölseife (Savon de Marseille)
150 ml	Rosenwasser

Sie pulverisieren die Kräuter in einem Mörser und streichen sie durch ein Sieb. Die Olivenölseife hobeln Sie in feine Späne, lösen Sie in Rosenwasser auf und vermischen sie mit dem Kräuterpulver. Diese Masse müssen Sie nun im Mörser gut durcharbeiten und kleine Bälle daraus formen, die sie dann sorgfältig trocknen lassen. Diese Seifenkugeln sind lange haltbar. Sie können sie aufheben und nach und nach verbrauchen oder einige an Ihre liebsten Freundinnen verschenken.

Schwertlilienwurzeln steuern den veilchenartigen Duft bei, wirken erfrischend und leicht antiseptisch, Lavendel reinigt die Haut und entspannt, Kalmus ist reich an ätherischen Ölen und Bestandteil vieler Parfums, und Rosen verbinden Sie mit Venus, der Göttin der Liebe. – Was wollen Sie mehr?

Packungen und Masken

Geeignet für Masken und Gesichtspackungen sind fast alle Obstsorten. Einen Teil der Frucht können Sie dabei meist verspeisen und Ihrer Haut damit auch noch von innen Gutes tun. Testen Sie aber erst in der Armbeuge, ob Ihre Haut auf die gewählte Obstsorte möglicherweise allergisch reagiert. Wenn nicht, kann es losgehen:

Zerkleinern Sie einen Apfel, eine Hand voll Erdbeeren oder eine Papaya, pressen Sie das Fruchtfleisch aus und trinken Sie den Saft. Mischen Sie nun einen Esslöffel Honig und einen Schuss Weizenkeimöl unter das Fruchtfleisch und tragen Sie die Maske auf die gereinigte Gesichtshaut auf. Lassen Sie sie ca. 20 Minuten lang einwirken, am besten in der Badewanne.

Bei unreiner Haut kann die folgende Packung helfen:

Heilerdepackung

Bereiten Sie einen starken Aufguss aus Rosenblüten, Kamille und Lavendel. Bei großporiger Haut ist zusätzlich Rosmarin gut. Rühren Sie diesen Tee mit Heilerde an und tragen Sie die Packung, wenn sie abgekühlt ist, auf die betroffene Haut auf. Sie werden sich danach schön, entspannt und erfrischt fühlen. Besonders gut gegen Akne wirkt Heilerde in Verbindung mit Kohlsaft, denn dieser entgiftet. Wenn Sie zu trockener Haut neigen, sollten Sie jedoch einer Heilerdepackung immer einige Tropfen Öl hinzufügen.

Körperöl

Als Basisöle können Sie Avocado-, Weizenkeim-, Mandel-, Kokos-, oder Jojobaöl verwenden. Träufeln Sie eine Mischung Ihrer Lieblingsdüfte dazu und pflegen Sie damit Ihre Haut nach dem Duschen. Bitten Sie die Öle, Ihre Haut zu nähren und zu schützen.

Besonders geeignet für jeden Tag sind je 10 Tropfen Orange, Lemongrass und Zypresse auf 100 Milliliter Basisöl: Dieses Öl pflegt nicht nur Ihre Haut, es lässt Sie auch dem Tag mit Freude begegnen.

Wer es luxuriöser liebt, nimmt je 10 Tropfen Jasmin und Rose: Dieses Öl schenkt Ihnen außer einer samtigen Haut auch liebevolle Gefühle und den Zugang zu Ihrer Weiblichkeit.

Besonders hautstraffend wirkt Johanniskrautöl in Verbindung mit Orange, Zypresse und Wachholderbeere. Johanniskraut und Wacholder schützen vor dem Dämon der schlaffen Haut ebenso wie angeblich vor der Pest.

Magische Gesundheitsvorsorge

Für Ihre Gesundheit können Sie sehr viel tun, auch mit magischen Hilfsmitteln.

Doch gerade auf dem Gebiet der Gesundheit sei eine Warnung ausgesprochen: Wer das ganze Jahr über seinen Körper misshandelt, wer ihm die Bewegung, die Streicheleinheiten, nach denen er sich sehnt, vorenthält, wer ihn ständig mit wertlosen Dingen vollstopft, die die Bezeichnung „Nahrung“ nicht einmal verdienen, der sollte nicht darauf hoffen, dass ein paar Zaubersprüche, Rituale und die eine oder andere Pflanze Wunder wirken können.

Gehören Sie zu jenen Menschen, bei denen Mahnungen oder Vorschriften von Ärzten, Gesundheitsaposteln, Müttern oder Freundinnen nichts anderes als Widerstand auslösen und die auf dem Standpunkt stehen, dass niemand besser als sie selbst wissen, was für sie gesund sei? Nun, das ist für Sie selbst zwar etwas mühsam, aber Ihr gutes Recht, und Sie fahren damit unter Umständen gar nicht schlecht, sofern Sie es schaffen, auf Ihren Körper zu hören.

Ihr Körper spricht zu Ihnen auf vielerlei Art. Eine davon ist durch Ihre Augen. Wenn Sie in den Spiegel schauen und jemanden mit strahlenden Augen (und das bereits, ehe Wimperntusche und Kajal ihr Werk verrichtet haben), glatter, rosiger Haut, glänzenden Haaren und straffer Körperhaltung sehen, dann können Sie davon ausgehen, dass es ihm gut geht.

Andere Mitteilungen erreichen Sie als Wünsche. Haben Sie schon einmal abends um zehn nach einem anstrengenden Tag am Schreibtisch das Bedürfnis verspürt, joggen oder spazieren zu gehen? Kennen Sie den überraschenden Appetit auf etwas, das eigentlich gar nicht zu Ihren Lieblingsspeisen gehört? Die Lust auf ein bestimmtes Gewürz? Den Drang, zu singen, zu tanzen, zu hüpfen oder zu lachen? All dies sind Botschaften Ihres Körpers. Gehen Sie ihnen ruhig nach und freuen Sie sich, dass Sie sie verstehen. (Im Idealfall stimmen die Bedürfnisse Ihres Körpers ohnedies mit den Empfehlungen der Ärzte und Gesundheitsapostel überein.)

Sie können aktiv etwas für Ihre Gesundheit tun, indem Sie auf das alte Wissen von Kräuterfrauen zurückgreifen. In letzter Zeit wird immer mehr von diesem alten Wissen von Naturwissenschaftlern mit einem sachlichen Hintergrund belegt und damit „gerechtfertigt“.

Das Paradebeispiel ist die Sache mit dem Weidenkörbchen für Babys. Wenn Sie Ihr Baby in einen Weidenkorb legen, schützen Sie es vor allerlei (Krankheits-)Dämonen. Es muss dazu allerdings ein Korb aus ungeschälter Weide sein. Denn in der Weidenrinde ist die Salicylsäure enthalten, ein Stoff, der in der Tat allerlei Krankheitserreger abwehrt. Seit mehr als hundert Jahren ist Acetylsalicylsäure als Aspirin auf dem Markt.

„Wer im *Frauendreißiger Immergrün* pflückt, über den hat der *Teufel* keine Macht mehr", heißt es im Aberglauben. Das hat doch nichts mit Gesundheitsvorsorge zu tun, sagen Sie vielleicht? Oh doch, sogar sehr viel! Sehen wir uns die einzelnen Teile dieser Aussage einmal genauer an.

Der *Frauendreißiger* ist der Zeitraum von Mariä Himmelfahrt (15. August) bis Mariä Geburt (8. September). In dieser Zeit ist die Wirkung heilender Kräuter am stärksten (und es ist zudem meist so heiß, dass sie nicht beim Trocknen verderben). Der *Teufel* ist jeweils das, was wir am meisten fürchten. Als die Prozesse des Alterns wissenschaftlich noch nicht so untersucht und erklärt waren wie heute, hieß es oft von wunderlichen alten Menschen, die „nicht mehr ganz richtig im Kopf waren", sie seien vom Teufel besessen. Das *Immergrün (Vinca minor)* ist eines der Kräuter, die in dieser Zeit gesammelt und das ganze Jahr über als Tee getrunken werden sollten. Tun Sie es. Es enthält einen Stoff namens Vincamin, der die Durchblutung der Hirngefäße fördert und Sie dadurch vor dem Dämon des Gedächtnisschwundes wirksam schützen kann. Während Sie also Ihre Tasse Tee aus Immergrünblättern zubereiten, öffnen Sie sich innerlich für seine Wirkung und bitten es um Schutz – vor wem auch immer. Murmeln, reimen oder singen Sie dazu die Bitte, Ihr Gedächtnis immer so frisch zu halten, wie es seine Blätter grün erhält.

Das gleichfalls immergrüne Rosmarin können Sie im Teeregal gleich daneben stellen. Schon sein Name weist auf den Schutz der Gottesmutter hin. Es gilt als „Gedächtniskraut". Da es reich an aromatischen Ölen ist, kann es Ihnen auch dann helfen, Ihr gutes Gedächtnis zu bewahren, wenn Sie es nicht nur als Tee trinken, sondern auch überall aufhängen oder -stellen, wo Ihr Gedächtnis benötigt wird – neben das Telefon, in die Küche, an den Schreibtisch, an den Griff des Einkaufskorbes. Ihrer Phantasie sind keine Grenzen gesetzt.

Bitten Sie es, Sie nicht im Stich zu lassen, und streichen Sie beispielsweise über seine am Einkaufskorb steckenden Zweige, wenn Sie im Laden stehen und sehnsüchtig an Ihre Einkaufsliste denken, die zu Hause liegt. Dabei aktivieren Sie seine Öle und seine Wirkung auf Ihr Gedächtnis.

Ob der folgende Tipp unter die Rubrik „Gesundheitsvorsorge" oder „Schönheit" fällt, können Sie sich aussuchen. Manche würden ihn auch unter die Rubrik „Freiheit für den Geist" reihen: Es geht ums Laufen.

Eine halbe Stunde Joggen im gemütlichen Trab ist eine meditative Tätigkeit, bei der Sie sich an der frischen Luft bewegen und Ihr Gehirn und alle Körperzellen ausgezeichnet mit Sauerstoff versorgen. Ihre Körperzellen revanchieren sich mit gesunder Haut, straffer Muskulatur, mit strahlenden Augen, gesunden Haaren und einer tollen, positiven Ausstrahlung, die Sie auf magische Weise undatierbar aussehen lässt. Ihr Gehirn revanchiert sich darüber hinaus mit der Ausschüttung von Glückshormonen und jeder Menge guter Ideen …

Alternativer Selbstschutz

Wenn Sie des Morgens vergessen haben, dass Ihnen heute eine Auseinandersetzung mit Ihrem Lieblingsfeind bevorsteht und Sie also ohne Ihre Schutzkette, Ihren Schutzschal oder

Ihren besonderen Ring aus dem Haus gegangen sind, sind Sie dennoch nicht hilflos. Sie verfügen auch ohne diese Accessoires über eine ganze Menge magischer Hilfsmittel, die Sie schützen können – Sie müssen sie nur aktivieren.

Der klare Blick

Eines dieser Hilfsmittel sind Ihre Augen. Hier spricht bereits unsere Sprache Bände: Sie können einen zwingenden, stechenden, brennenden, durchdringenden, alles durchbohrenden Blick haben, und wenn Blicke töten könnten, wären manche Menschen gewiss nicht mehr am Leben. Nicht umsonst gibt es viele Amulette gegen den bösen Blick.

Setzen Sie Ihre Augen ein. Wenn Sie spüren, dass jemand Sie mit Blicken klein machen oder ausziehen will, wehren Sie sich ebenfalls mit Blicken. Sehen Sie ihn unverwandt an, halten Sie seinem Blick stand, zwingen Sie ihn, wegzusehen. Der Überraschungseffekt ist auf Ihrer Seite – denn wir sind meist so erzogen, dass wir in einem solchen Fall verschämt wegschauen, sodass unser Gegenüber meist gar nicht mit Widerstand rechnet oder damit, dass er nun seinerseits die Augen niederschlagen wird.

Die Augen gelten mit gutem Grund als Spiegel der Seele – und das nicht nur, wenn wir verliebt sind. Wenn wir einen anderen Menschen ansehen, gewähren wir ihm Einblick in unsere Seele. Setzen Sie diese Möglichkeit der Kommunikation aktiv und bewusst ein, signalisieren Sie ruhig und unmissverständlich: „Bei mir kommst du auf diese Art nicht weiter, ich wehre deinen Übergriff ab."

Wenn Sie einmal einen Menschen mit Ihrem Blick in seine Schranken gewiesen haben, spüren Sie die Macht Ihrer Augen – auch wenn Ihnen danach der Kopf weh tut. Je länger der andere Ihrem Blick standhält, desto höher wird er andererseits vermutlich in Ihrer Achtung steigen.

Den Umgang mit jeder Waffe sollten Sie üben – auch den mit Ihren Augen. Nichts ist peinlicher, als wenn Sie den unverschämten Starrer, der Sie mit Blicken auszieht, mit Ihrem Blick abwehren wollen, aber nach drei Sekunden selbst die Augen niederschlagen müssen. Machen Sie sich also zuvor bewusst, was Sie vorhaben, sammeln Sie sich und setzen Sie dann Ihren Blick absichtsvoll und konzentriert als das ein, was er sein kann: als machtvollen magischen Schutz.

Eindeutige Körpersprache

Auch unsere Gestik kann uns schützen, wenn wir uns unsicher oder angegriffen fühlen. Das beginnt beim Daumenhalten, wenn wir auf etwas hoffen, das nicht sicher ist, geht weiter mit den verkreuzten Armen oder Beinen, deren gezielten Einsatz Sie in jedem Seminar über Körpersprache lernen können, und endet beim erhobenen Mittelfinger.

Der Mittelfinger symbolisiert, wie Sie wissen, den aufgerichteten Penis. Dieser wiederum hat eine alte Tradition als Unheilabwehrer, wie auch die Nacktheit der weiblichen Brust und der Genitalien. Erinnern Sie sich an den Geschichtsunterricht, als es um den Peloponnesischen Krieg ging? Tat sich Ihr Geschichtslehrer auch so schwer, einer kichernden Klasse Vierzehnjähriger zu erklären, worin der Hermenskandal bestand, in den der attische Feldherr Alkibiades verwickelt war?

Hermen sind antike Grenz-, Grab- oder Wegsteine in Form von Pfeilern mit männlichem Kopf und erigiertem Penis. Sie hüteten Türen, Tore und Wege und schützten Wanderer und Grenzgänger vor Ungeheuern und Gefahren – allein durch ihre demonstrativ vorgeführte Fähigkeit zur Fruchtbarkeit. Den Hermenskandal des Jahres 415 in Athen löste ein Akt des Vandalismus aus: Über Nacht waren die Glieder der öffentlich aufgestellten Hermen abgeschlagen worden.

Wenn Sie als Mann jemandem den Mittelfinger zeigen, sagen Sie ihm nicht nur ziemlich unverblümt: „Du kannst mich mal“, sondern zeigen ihm symbolisch auch die Quelle Ihrer Sicherheit, Ihres Schutzes. Als Frau sollten Sie diese Geste lieber unterlassen – die magische Quelle Ihrer Sicherheit hat mit einem erhobenen Mittelfinger nicht viel zu tun und „mann“ könnte Sie missverstehen.

Amulett und Talisman

Die Herstellung von Amuletten gehört zum klassischen Tätigkeitsfeld der Hexen und Magier, und für viele Menschen ist das Amulett eines der ersten Dinge, an die sie bei Magie denken.

Hat der Talisman stärker die Funktion des Glücksbringers („Wenn mein Lieblingsteddy bei mir ist, kann mir nichts passieren!“), so kann das Amulett auf seine Aufgabe „programmiert“ werden. Daraus ergibt sich der ganz persönliche Bezug, den das Amulett zu seinem Träger hat. Es wirkt bei einer anderen Person nicht so gut, weil es nicht mit Hinblick auf deren Bedürfnisse und Wünsche angefertigt wurde. Daraus folgt, dass es nicht dasselbe ist, ob Sie ein Amulett kaufen oder selbst anfertigen.

Für ein Amulett geeignet sind fast alle Materialien. Überlegen Sie, was den Schutz, den Ihnen das Amulett bieten soll, oder den Wunsch, bei dessen Erfüllung es Ihnen helfen soll, besonders gut verkörpert, und gehen Sie offen durch die Welt. Einiges wird Ihnen vielleicht zufallen.

Dann setzen Sie sich entweder an Ihren Küchentisch oder in Ihre Bastelecke und verbinden einfach die Elemente – zu einem Strauß, den Sie an Ihr Fenster oder in Ihr Auto hängen, oder indem Sie sie in ein kleines Leinensäckchen einnähen, das Sie unter Ihr Kopfkissen legen, oder indem Sie den durchbohrten Stein auf ein Lederband oder eine Silberkette fädeln, die Sie sich dann um den Hals hängen. Oder Sie machen daraus ein feierliches Ritual mit Kerzen, den Elementen, die in dem Amulett vertreten sind, singen dazu (was sich beim Arbeiten sowieso anbietet) oder tun das, was für Sie stimmt, um dieses Amulett zu einem ganz besonderen Stück zu machen.

Wichtig ist, dass Sie bei jedem Bestandteil, den Sie verwenden, den Bezug zu seiner Funktion herstellen. Bitten Sie das Metall, Sie vor Verletzungen zu bewahren oder Ihr Geld zu vermehren, und das Wasser, Ihre Gefühle zu schützen oder Ihnen zu helfen, sie zuzulassen; bitten Sie das Feuer, Ihnen mit seiner Wärme oder seiner Transformationskraft zur Seite zu stehen; bitten Sie die Erde, dafür zu sorgen, dass Sie mit beiden Beinen fest auf dem Boden bleiben, und bitten Sie die Luft, dass sie Ihnen einen klaren Kopf und stets das rechte Wort schenken möge – je nachdem, wie es für Sie passt und was Sie am dringendsten benötigen.

Liebesamulette könnten Sie bei zunehmendem Mond anfertigen und einige Nächte Mondlicht „tanken" lassen, ehe Sie sie verwenden.

Schutzamulette können Sie zum Schutz vor einer konkreten Bedrohung oder gegen Ihre eigenen Ängste anfertigen – das kann sehr wirksam sein, denn die schrecklichsten Dinge spielen sich in unserem Kopf ab.

Zum Talisman kann alles werden. Die Kette, die Ihnen Ihr erster Freund geschenkt hat, der Teddy, den Sie sich nach einem Besuch bei Ihrem Seelenarzt gekauft haben, ein einfacher Kieselstein von der Straße, der Sie einfach angesprochen hat, der besondere Stift, mit dem Sie wichtige Unterschriften leisten, der Ring, den Sie im letzten Urlaub gefunden haben, aber auch Ihr Schutzschal und Ihre Schutzkette. Ein Tipp: Runde Dinge eignen sich wegen ihrer in sich abgeschlossenen Form als Schutz besonders gut.

Schutz vor fremdem Zauber

Wenn Sie ernsthaft befürchten, das Opfer von magischen Angriffen zu sein – sei es, weil Ihnen jemand eine gelbe Feder geschickt hat, sei es, weil Ihnen aus heiterem Himmel eine Fülle von Missgeschicken passiert –, sind Sie keineswegs hilflos. Sie können sich wehren.

Ehe Sie Gegenmaßnahmen planen, die möglicherweise den Falschen treffen, und Sie damit Schuld auf sich laden, die dreifach zu Ihnen zurückkommt, bringen Sie zunächst innere Distanz zwischen sich und die Ereignisse. Erneuern Sie regelmäßig den Schutz, den Ihnen die Sonnendusche liefert, oder stellen Sie sich eine gläserne Glocke um Ihren Körper, Ihre Wohnung oder Ihre Familie vor, die Ihnen Sicherheit gibt.

Machen Sie in Ruhe (bei einer Bedrohung brauchen Sie sicher etwas länger, bis Sie wirklich ruhig sind) ein Ritual, in welchem Sie sich vorstellen, wie es sich anfühlt, wenn diese Bedrohungen, diese magischen Angriffe ins Leere gehen. Lassen Sie sie in sicherem Abstand von Ihrer Person in einen großen Eimer voll Sand oder an einen sonstigen Platz fallen, wo sie keinen Schaden anrichten können. Danach werden Sie sich erleichtert fühlen.

Falls Sie jedoch nach einiger Zeit das Gefühl haben, das reicht nicht aus, können Sie weitere Maßnahmen ergreifen.

Stellen Sie sich in einem zweiten Ritual vor, Sie stehen hinter einem Spiegel. Dieser Spiegel wirft alle Angriffe gegen Ihre Person auf den Angreifer zurück. Wenn Sie nicht hundertprozentig sicher sind, aus welcher Quelle diese Angriffe kommen, so bitten Sie den Spiegel nur, die Angriffe dahin zurückzuwerfen, woher sie kommen. Nennen Sie keine Namen und Richtungen – und denken Sie an das „Zum Wohle aller“ am Schluss Ihres Wunsches.

Reicht das immer noch nicht, so gibt es da noch ein altes magisches Mittel, dem Zauber die Macht zu nehmen:

Opfern Sie eine Haarlocke.

Schneiden Sie sich eine Locke Ihres Haares ab und verbrennen Sie sie. Während Sie sie abschneiden, machen Sie sich bewusst, dass Sie diese Locke opfern, damit der fremde Zauber eine Angriffsfläche findet, die Sie selbst bestimmen können, und Ihnen nicht unkontrollierbaren Schaden zufügt. Und dann verbrennen Sie mit der Locke zugleich die Macht des fremden Zaubers über Ihre Person und Ihr Leben.

Gute Nacht

Kennen Sie das? Sie sind wirklich müde, so müde, dass Ihnen beim Fernsehen oder Lesen schon die Augen zufallen. Aber sobald Sie im Bett liegen und das Licht gelöscht haben, fangen Ihre Gedanken an zu kreisen. Sie denken an dieses und jenes und wälzen sich schlaflos noch stundenlang herum, bevor endlich der erlösende Schlummer eintritt.

Aufrührende Erlebnisse wie große Freude, aber auch Sorgen und Kummer können uns gleichermaßen um den Schlaf bringen. Während die freudigen Ereignisse aber förmlich dazu einladen, sich beim Einschlafen an sie zu erinnern, sie mit in die Welt der Träume zu nehmen, sie noch einmal zu durchleben und dabei ganz nebenbei in unserem Unterbewusstsein zu verankern, ist das bei Sorgen etwas ganz anderes.

In diesem Fall hat eines überhaupt keinen Sinn: im Bett zu liegen und sich zu ärgern. Stehen Sie auf und nehmen Sie die

Sache selbst in die Hand. Probieren Sie bei kreisenden Gedanken eine der folgenden Methoden aus:

Die Denkkiste

Sie können sich Ihre Denkkiste nur in Gedanken vorstellen; wirkungsvoller aber ist es, wenn Sie eine richtige Schachtel aus Holz oder Karton zu Ihrer Denkkiste machen.

Am Abend vor dem Schlafengehen stellen Sie sich zu dieser Kiste und beginnen, Ihre Gedanken langsam abzustreifen. Fahren Sie dazu mit den Händen vom Kopf nach unten über Ihren Körper. Stellen Sie sich dabei vor, dass Sie mit Ihren Fingern alle Gedanken, die Sie während des Tages beschäftigen, aus Ihrem Kopf und allen Zellen Ihres Körpers „herauskämmen“ und nach unten abstreifen.

Heben Sie die Gedanken dann auf und füllen Sie sie in die Denkkiste. Verschließen Sie die Kiste gut! Dann können Ihre Gedanken nicht wieder heraus, in Ihr Bett klettern und sich in Ihren Kopf stehlen.

Besonders gut zum Verschließen geeignet ist ein kraftvolles, rotes Band, das die Gedanken bändigt, und darüber ein hellblaues Band, das sie besänftigt. Schleifen sind nicht nur hübsch und praktisch, weil sie wieder leicht zu öffnen sind – sie haben wegen der mehrfachen Überkreuzungen der Bänder auch eine hervorragende Schutzwirkung!

Wenn trotz dieses Rituals störende Gedanken auftauchen, schicken Sie sie einfach in die Kiste und spüren Sie die Leere und Ruhe, die kommt, wenn die Gedanken weggehen.

Am nächsten Morgen öffnen Sie die Kiste und schütteln die Gedanken darin aus dem geöffneten Fenster – dort mögen sie mit dem Wind davonfliegen.

Der Gedankenzettel

Falls Sie die Gedanken nicht einfach dem Wind übergeben wollen, weil Sie sie vielleicht noch brauchen, sondern nur über Nacht Ihren Kopf von ihnen befreien möchten, schreiben Sie sie auf. Auf ein schönes Blatt Papier. In Stichworten, wenn es besonders viele sind und es ansonsten zu lange dauern würde, oder ausführlicher, wenn es besonders schöne Gedanken sind, die Sie gern festhalten würden. Datieren Sie diesen Zettel, legen Sie ihn unter einen Stein und gehen Sie schlafen.

Der Stein wird Ihre Gedanken für Sie festhalten und daran hindern, wieder in Ihren Kopf zurückzukehren, und der Zettel sorgt dafür, dass Sie sich später wieder an sie erinnern können.

Wenn es Sorgen sind, die Sie diesem Blatt Papier anvertraut haben, so heben Sie den Zettel auf und schauen Sie ihn sich nach einem halben Jahr noch einmal an. Sie werden sich dabei wahrscheinlich köstlich amüsieren.

Der Schlafstein

Gehen Sie in eine Mineralienhandlung, einen Esoterikladen oder in ein anderes Geschäft, in dem man Steine bekommt, und lassen Sie sich von einem Stein anziehen, der eine besonders beruhigende Wirkung auf Sie hat. Richten Sie Ihre Aufmerksamkeit nur auf Ihre Entspannung. Fragen Sie sich: „Welcher Stein macht mich ruhig, schläfrig? Bei welchem Stein hören meine Gedanken auf, wild herumzuschwirren?“

Wenn Sie ganz sicher gehen wollen, ob der Stein, den Sie gewählt haben, auch der richtige ist, dann fragen Sie ihn einfach: „Bist du mein Schlafstein?“ Vertrauen Sie auf Ihr Gefühl, Ihre Intuition, Ihre innere Stimme: Wenn Sie ein „Ja“ bekommen, kaufen Sie ihn!

Legen Sie ihn dann unter Ihr Kopfkissen. Wenn Sie abends ins Bett gehen, lassen Sie all Ihre Gedanken los. Spüren Sie, wie die Ruhe und Gelassenheit des Steins auf Sie übergeht. Vertrauen Sie dem Stein – er wird Sie sicher durch die Nacht begleiten, Sie beschützen und alle störenden Gedanken von Ihnen fern halten! Von Zeit zu Zeit können Sie ihn mit klarem Wasser abspülen oder mit einem Seidentuch abreiben.

Himmel und Erde

Legen Sie sich ins Bett, löschen Sie das Licht und stellen Sie sich vor, dass sich an Ihren Fußsohlen ein kleines Fenster öffnet, das Sie mit der Erde verbindet. Atmen Sie durch die Fußsohlen ein und aus. Spüren Sie die Erde, die Sie trägt und ganz sicher hält, spüren Sie die Ruhe, Stille und Kraft der Erde. Lassen Sie Ihre Gedanken, Konflikte, Sorgen, Erinnerungen mit jedem Ausatmen nach außen rinnen, wo sie langsam in die Erde fließen und versickern. Hektische Gedanken oder Gefühle werden vom vorbeiziehenden Wind mitgenommen und verschwinden ebenfalls in der Nacht.

Träume

Sie träumen nie? Oder können Sie sich nur nicht daran erinnern? Leiden Sie unter Albträumen?

Träume steigen aus einer sehr tiefen Ebene unseres Seins zu uns empor. Manchmal verarbeiten wir darin die Geschehnisse oder Erlebnisse des Tages – unsere eigenen, oder das, was wir aus Fernsehen oder Zeitung mitbekommen –, manchmal wollen uns Träume etwas mitteilen oder uns einen Blick in die Zukunft eröffnen. Vor allem wiederkehrende Albträume haben oft mit nicht verarbeiteten Situationen in unserem Leben zu tun.

Wenn Sie sich nicht an Ihre Träume erinnern können, es aber gern würden, legen Sie Papier und Stift bereit, trinken Sie vor dem Schlafengehen ein Glas Wasser zur Hälfte aus und stellen Sie es auf Ihren Nachttisch. Stellen Sie sich dabei vor, wie dieses Wasser Ihre Träume umspült, sodass Sie sich erinnern werden, wenn Sie den Rest austrinken. Nach dem Aufwachen trinken Sie das Glas leer und schreiben sofort alles auf, woran Sie sich erinnern können.

Wiederkehrende Albträume

Wenn Sie unter wiederkehrenden Albträumen leiden, versuchen Sie Folgendes:

Finden Sie bei Ihrem nächsten Spaziergang einen Kieselstein, der Ihnen sympathisch ist und Ihnen ein Gefühl von Sicherheit gibt. Legen Sie ihn unter Ihr Kopfkissen und bitten Sie ihn, Sie zu Ihrem „Traumbegleiter" zu führen. Dann legen Sie sich schlafen und bitten im Einschlafen Ihren Traumbegleiter zu sich. Ihr Stein wird Ihnen dabei helfen.

Begrüßen Sie das Wesen, das kommt, und bitten Sie es, Ihnen alles über Ihren Albtraum zu erzählen oder Ihnen zu zeigen, was Sie wissen sollen. Notfalls wird Ihr Begleiter Sie noch einmal in diesen Traum führen, aber nun sind Sie nicht mehr allein – Sie haben einen starken Verbündeten! Sie können ihn dann an Ort und Stelle mitten im Geschehen fragen, welche Bedeutung die Dinge, die Sie sehen, haben. Bitten Sie Ihren Begleiter dann, Sie wieder an einen guten und friedlichen Ort zu bringen und bedanken Sie sich bei ihm!

Wenn Sie am nächsten Morgen nur die Bilder und das Gefühl großer Sicherheit und Geborgenheit in Erinnerung haben, ihre Bedeutung Ihnen aber entfallen ist, so können Sie auch ein

Traumlexikon zu Rate ziehen. Doch seien Sie nicht zu enttäuscht: Schon C. G. Jung wies darauf hin, dass jedes Symbol, das in einem wichtigen Traum auftritt, für den Träumenden eine ganz persönliche, individuelle Bedeutung haben kann. Was die Deutung Ihrer Träume anbelangt, sind Sie wohl die einzige Person, die beurteilen kann, ob diese Deutung für Sie passt. Lassen Sie sich also nicht verunsichern.

Hierzu jedoch ein Hinweis: Der Tod bezeichnet im Traum (wie im Tarot) keinen wirklichen Tod, sondern einen Umbruch, eine Veränderung, den Beginn von etwas Neuem – und das gilt für alle Träumer.

Magisches Kräuterkissen

Auch die Kraft der Pflanzen kann Ihnen zu einem ruhigen Schlaf verhelfen. Beschaffen Sie sich einen leichten Leinen-, Baumwoll- oder Seidenstoff und nähen Sie daraus eine rechteckige Kissenhülle, auf der Ihr Kopf gut Platz hat. Lassen Sie zunächst eine Seite ein Stück weit offen.

Die Farbe sollte Ihnen gefallen, sollte jedoch nicht zu lebendig sein. Besonders schlaffördernd sind Blau und Violett, vermeiden Sie jedoch Gelb- und Rottöne. Ist der Stoff gemustert, so sollte das Muster nicht zu unruhig sein, sondern zur Meditation anregen. Ausrangierte Schlafanzüge und Nachthemden eignen sich für ein magisches Kräuterkissen ganz ausgezeichnet, denn in ihnen steckt bereits die Ruhe vieler durchschlafener Nächte, die Sie mit dem Kissen ja beschwören wollen. Hübsch wird Ihr Kissen auch, wenn Sie zwei alte Taschentücher mit Spitzenborte aneinander nähen – wobei die Naht innerhalb des Spitzenbandes verlaufen sollte, sonst haben Sie das Gebrösel der Kräuter im Bett, was ungestörtem Schlaf eher abträglich sein dürfte.

Füllen Sie in das Kissen nun zu gleichen Teilen Lavendel und Hopfen und geben Sie eine Hand voll Baldrianwurzeln dazu. Abschließend streuen Sie drei Prisen Vogelsand über die Mischung (er steht für den Sand, den Ihnen das Sandmännchen oder das Traummännlein Ihrer Kindertage bringen soll). Singen Sie dazu das Schlaflied Ihrer Kindheit. Als Füllung eignen sich auch Kamilleblüten, Waldmeister, Zitronenmelisse oder Heublumen. Experimentieren Sie mit der Zusammensetzung und schnuppern Sie sich durch die Kräuter. Sie sollten den Duft als harmonisch und nicht zu aufdringlich empfinden.

Das Kissen wird nun mit einem Reißverschluss geschlossen. Sie können es auch einfach zunähen, sollten dann aber darauf achten, dass sich die Naht an einer Stelle leicht wieder auftrennen lässt. Die Mischung sollte einmal im Jahr gewechselt und der Bezug gewaschen werden.

Ganz empfindliche Nasen legen das Kissen nicht unter den Kopf, sondern etwas seitlich davon ins Bett oder stellen eine Schale dieses Kräuterpotpourris auf den Nachttisch.

Gute-Nacht-Tee

Hopfen, Lavendel und Baldrian ergeben auch einen wunderbaren Schlaftee, der seine Wirkung nicht verfehlt, wenn Sie zwischen den einzelnen Schlucken das Schlaflied Ihrer Kindheit singen und danach mehrere Male sanft und langsam von Ihrer Nasenwurzel zu Ihrer Nasenspitze streichen. So wie Sie die Gedanken und Sorgen von der Nase herabstreichen, so streichen Sie sie auch aus dem Kopf hinaus.

Auf den französischen Kräuterkundigen Maurice Mességué geht folgende Teemischung zurück:

Sie bringen einen Liter Wasser zum Kochen und überbrühen damit je zwei Prisen Minze, Lindenblüten, Eisenkraut und Kamille. (Das ist nicht viel, aber bei Kräutertees ist weniger oft mehr.) Lassen Sie den Tee drei Minuten ziehen und trinken Sie ihn vor dem Schlafengehen.

Dieser Tee vertreibt üble Gedanken, schützt Sie vor nächtlichen Verfolgern im Traum, beruhigt und wärmt Sie gleichermaßen. Denken Sie beim Trinken an die römischen Gesandten, die Eisenkraut bei sich trugen, wenn sie mit fremden Völkern verhandeln mussten. So wie die alten Römer wird auch Sie das Eisenkraut wie ein Panzer schützen.

Traumfänger

In immer mehr Läden bekommen Sie sie, in allen Größen und bestückt mit wunderschönen Perlen und Federn: Traumfänger. Sie dienten den Indianern Nordamerikas als Schutz vor bösen Träumen. Die guten Träume sollen sie durchlassen, alle anderen abfangen, wenn sie durch Ihr Fenster kommen.

Sie können sich einen Traumfänger kaufen, ihn vor Ihr Fenster hängen und ihn bitten, Ihre Träume zu bewachen. Es kann sein, dass es klappt, es kann aber auch sein, dass er nur mit der Zeit vom Traum- zum Staubfänger mutiert.

Zumindest sollten Sie Ihren gekauften Traumfänger um die eine oder andere eigene Zutat bereichern – um eine Perle, einen Ring, eine Muschel oder sonst einen Gegenstand, der Ihnen helfen soll, ruhig und sicher zu schlafen. Während Sie dieses Stück hineinknoten, bitten Sie den Traumfänger, Sie vor bösen Träumen zu schützen.Den persönlichsten Bezug zwischen dem Traumfänger und Ihren Träumen stellen Sie her, wenn Sie ihn selbst anfertigen. Es gibt Traumfänger als Bastelsatz mit Anleitung, Sie können sich aber auch mit selbst geschnittener Weide (nicht vergessen: beim Baum bedanken!) und Federn oder Schmuck eigener Wahl an die Sache wagen.

Für das Netz nehmen Sie glattes, festes weißes Garn, die Knoten sind die gleichen Schlingen wie beim Knopflochstich, das heißt, Sie umschlingen den Rand bzw. die Fäden der Vorreihe und führen danach den Faden durch die jeweils vorausgegangene Schlinge hindurch. Sie beginnnen außen mit 13 fast gleichmäßig über Ihren Kreis verteilten Schlingen (der Abstand zwischen der 13. und der 1. soll nur eine halbe Schlinge betragen) und arbeiten sich in Spiralen nach innen vor, knoten dabei Perlen hinein und hängen Federn oder andere Zutaten daran, die für Sie stimmig sind. Die Schlingen werden im-

Schemazeichnung eines Traumfängers

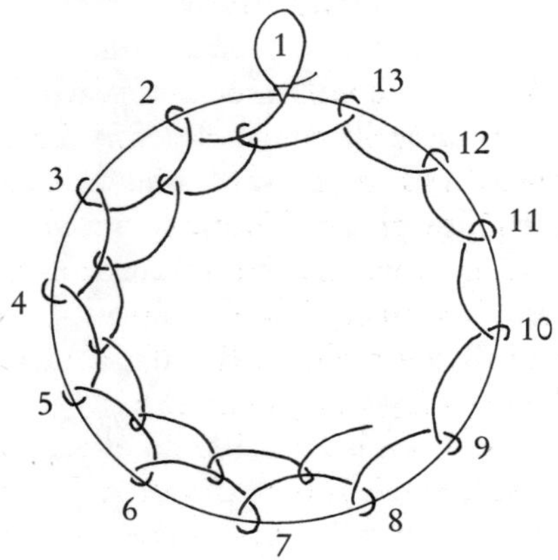

mer enger, je weiter Sie nach innen kommen. Ganz innen vernähen Sie den Faden und knoten dann eine Perle oder etwas anderes an das freie Ende.

Die zweite Haut: Wohnung und Familie

Ihre Wohnung oder Ihr Haus ist jener Ort, an dem Sie sich sicher fühlen wollen und sollen. Hier setzen Sie den Hut ab, lassen energetische Schutzschilde fallen, mit denen Sie sich durch den Tag und seinen Stress bewegt haben, und Sie entspannen sich.

An der Mauer Ihres Hauses, an der Tür Ihrer Wohnung prallt alles ab, was Ihnen schaden kann, was Ihnen lästig ist oder was Ihren häuslichen Frieden stört – im Idealfall. Heutzutage unterwandern allerdings Telefon und Fernseher, Radio und Zeitungen diese Grenzen, und das Schlimmste ist: Es ist nur den wenigsten Menschen bewusst. Dazu kommen Dinge von außen, die wir selbst in unser Zuhause hineintragen: belastende Gedanken aus dem Beruf, Ärger über ein Erlebnis beim Einkaufen, Frust über das schlechte Wetter und etliches mehr.

Es scheint also angebracht, gerade den eigenen Wohnbereich zu schützen.

Vor der Haustür

Der Schutz für Ihren Wohnbereich beginnt vor der Wohnungs- oder Haustür. Wie Sie diesen Schutz gestalten, richtet sich völlig danach, wovor Sie Ihre Wohnung schützen wollen.

Von den Römern kennen wir Fußbodenmosaike vor der Eingangstür mit dem Bild eines Kettenhundes und der Beischrift „cave canem“ – Warnung vor dem Hund. Es ist nicht überliefert, ob die solcherart Gewarnten im Haus überhaupt einen Hund antrafen. Das Bild des Hundes, die Beschwörung seiner Gefährlichkeit und die direkte Ansprache des Hereinkommenden werden ihre Wirkung nicht verfehlt haben, auch nicht auf nächtliche Einbrecher. Was hindert Sie daran, ebenso vorzugehen? Sie brauchen dazu kein Mosaik, es gibt den Hund heute auch auf Fußmatten. Bitten Sie diesen Hund, Sie gut zu bewachen, wenn Sie ihn an seinen Platz legen.

Wenn Sie glauben, Ihr Hund braucht Verstärkung, legen Sie eine offene Schere so unter die Fußmatte, dass der Griff auf der Seite Ihrer Wohnung liegt und die offenen Schneiden von Ihrer Tür weg weisen.

Ähnlich wirkt die Satorformel, ein magisches Buchstabenquadrat, das durch seine Geschlossenheit die Abgeschlossenheit des Hauses beschwört, an dem es angebracht ist. Der lateinische Text selbst ist recht belanglos („Der Sämann Arepo hält mit Mühe die Räder"). Die Wirkung, das Magische, beruht auf der Lesbarkeit von links nach rechts, von oben nach unten, von rechts nach links und von unten nach oben:

SATOR
AREPO
TENET
OPERA
ROTAS

Wenn Sie die Satorformel verwenden, werden Sie allerdings vielen Freunden gegenüber einen gewissen Erklärungsbedarf haben – was mit der Maxime „Zaubern, aber nicht darüber reden" unvereinbar ist. Diejenigen, die die Satorformel kennen, werden Sie wahrscheinlich nicht darauf ansprechen.

Es gibt jedoch eine erprobte und dazu ansprechende Möglichkeit, sich ihres Schutzes dennoch zu versichern, ohne dass es auffällt. Hängen Sie einen Bilderrahmen an Ihre Tür oder seitlich an den Türstock, der ein gesticktes Bild aus 25 kleinen Feldern enthält: die Satorformel. Jeder Buchstabe wird durch eine Farbe ersetzt, der gleiche Buchstabe immer durch die gleiche Farbe. Sie werden staunen, welch hübsches abstraktes Muster dabei entsteht. Während Sie es sticken, denken Sie daran, was Ihnen die Sicherheit Ihres Hauses bedeutet und worin der Schutz der Formel bestehen soll.

Beim Aufhängen schicken Sie all diese Gedanken, die Sie bereits beim Sticken „hineingewebt" haben, nochmal in das Bild, und bitten Sie es, Ihre Wohnung zuverlässig zu schützen. Jedes Mal wenn Sie den Rahmen abstauben, erneuern Sie diese Bitte. – Natürlich können Sie das Motiv auch auf einem persönlichen Kleidungsstück anbringen, wenn Sie feststellen, dass es weniger die Sicherheit Ihres Hauses als Ihrer Person ist, die Ihnen am Herzen liegt.

Früher bemalte man das Haus auch mit unheilabweisenden Zeichen, Augensymbolen und Ähnlichem. Das konnte auch ein Zauberspruch oder eine Buchstabenkombination sein. Der Segen „Christus Mansionem Benedicat", der in katholischen Gegenden jedes Jahr von den Sternsingern in der Kurzform C. M. B. an die Türen geschrieben (und oft für die Anfangsbuchstaben der Namen der Heiligen Drei Könige gehalten) wird, hat die gleiche Aufgabe.

Wenn es für Sie passt, lassen Sie die Sternsinger-Kinder schreiben und spenden Sie dafür: Damit der Segen etwas taugt, darf er ruhig etwas kosten.

Wenn Sie an Ihrer Tür vor allem einen Schutz vor schlechter Stimmung, üblen Gedanken oder bösen Einflüssen brauchen, dann ist vielleicht ein Mandala oder ein Türkranz ideal.

Das Mandala wählen Sie so aus, dass es für Sie rund und angenehm wirkt, sodass Sie es gern zur Visitenkarte Ihrer Wohnung machen. Während Sie es malen, beschäftigen Sie sich mit der Wirkung, die es haben soll. Kommen Sie bewusst zur Ruhe, lassen Sie alle Gedanken des Tages los, denken Sie an Ihre Wohnung, an ein entspanntes Wochenende zu Hause, einen gemütlichen Winterabend bei Kerzenschein oder an einen lauen Sommerabend mit einem guten Buch auf dem Balkon oder am Fenster. Wählen Sie zum Ausmalen auch Farben, die dieses Bild für Sie symbolisieren.

Wenn Sie diese Gedanken ganz bewusst in das Mandala hineinmalen, können Sie sie sehr leicht abrufen, wenn Sie nach Hause kommen und Ihr Blick auf das Mandala fällt, während Sie den Schlüssel in die Tür stecken. Beim Aufhängen bitten Sie es, Ihnen dabei zu helfen, Ihre gereizte Stimmung, Ihre üblen Gedanken oder sonstige störende Einflüsse abzulegen, sobald Sie es ansehen.

Der Türkranz hat Tradition: Magische Kräuter sollten seit jeher Hexen fern halten, also verhindern, dass in diesem Haus die Milch sauer wurde, der Teig nicht aufging, die Gärung des Biers misslang oder der Wein umkippte. Solche Kräuter sind traditionell kleinblättrige, fein aufgefiederte und aromatisch duftende Kräuter wie Beifuß, Lorbeer, Majoran, Oregano und Rosmarin. Aber auch andere aromatische oder fein gefiederte Pflanzen wie Farne, Lilien, Eberesche, Knoblauch oder Holunder gelten als wirksame Hexenkräuter.

Überlegen Sie zuerst, wer oder was für Sie heute die „Hexe“ ist, die Ihr Kranz fern halten soll. Und dann machen Sie sich ans Werk. Keine Angst, auch handwerklich weniger Begabte brauchen auf diesen Schutz nicht zu verzichten. Heute bekommen Sie Türkränze fertig zu kaufen, der Jahreszeit entsprechend dekoriert. Um aus einem solchen Fertigprodukt Ihren persönlichen magischen Kranz zu machen, müssen Sie nur noch zwei Dinge tun: etwas Eigenes hinzufügen und ihn besprechen. Ihre Zutat sollte die schützende Wirkung des Kranzes für Sie symbolisieren. Lassen Sie Ihrer Phantasie freien Lauf. Egal, was andere denken, nur für Sie muss es stimmen.

Wenn Sie also vor dem Psychoterror durch Ihren Ex-Mann in dieser Wohnung sicher sein wollen, verstecken Sie vielleicht Ihren Ehering oder ein Schmuckstück, das Sie nie tragen, weil es Sie unangenehm an ihn erinnert, in dem Kranz. Ebenso, wie das Schmuckstück vor Ihrer Tür bleibt, möge auch die Energie des Ex draußen bleiben.

Wenn es Ihr Job ist, den Sie vor der Tür ablegen wollen, dann hängen, stecken oder binden Sie etwas in Ihren Kranz, das für Sie den Job symbolisiert – oder vielleicht nur den Teil davon, den Sie draußen lassen wollen. Machen Sie sich ganz deutlich bewusst, was diese Zutat in Ihrem Kranz für Sie tun soll, und dann sprechen Sie es aus. Bitten Sie den Ring, die Pflanze, das Bild, die Trockenfrucht oder was immer es ist, Sie genau in der Form zu schützen, wie Sie es sich wünschen. Dann hängen Sie den Kranz auf.

Im Winter hat eine Sonderform des Türkranzes Saison. Direkt am Rahmen über der Türschwelle sollten Sie die größte und prächtigste Mistel aufhängen, die Sie finden können. Misteln machen sich überall im Haus gut, die kräftigste Schutzwirkung für Ihr Haus entwickeln sie aber direkt über der Schwelle. Zudem schützen sie auch all jene auf ihrem Weg, die unter ihnen hindurch das Haus verlassen. Treffen sich zwei Menschen unter den Zweigen – was an der Türschwelle häufig der Fall sein dürfte –, so müssen sie sich unbedingt küssen. Natürlich dürfen Sie auch Hund und Katze ordentlich durchknuddeln, wenn Sie ihnen hier begegnen.

Seien Sie jedoch eher zurückhaltend, wenn Sie beim Spaziergang Misteln an den Bäumen sehen und welche mitnehmen möchten. In vielen europäischen Ländern ist es mittlerweile verboten, Misteln aus den Bäumen zu holen; Zuwiderhandlungen werden mit teils sehr hohen Geldstrafen geahndet.

Mittler zwischen innen und außen: Der Flur

Der Flur Ihrer Wohnung oder Ihres Hauses, also der Eingangsbereich hinter der Haus- oder Wohnungstür, ist ein besonders sensibler Bereich. Hier laden Sie all den Schmutz, Staub und Ballast ab, den Sie von draußen mit hereingetragen haben: Schuhe, Mäntel, Aktentaschen, aber auch all jene Gedanken, die nicht schon vor der Tür geblieben sind. Dieser Ballast soll nach Möglichkeit auch tatsächlich im Flur bleiben.

Umgekehrt soll der Flur Sie zu Hause willkommen heißen und Ihnen helfen anzukommen, er soll also ein Stück Zuhause für Sie verkörpern. Wenn er eine wahre Rumpelkammer ist, in der sich Schuhe, Kinderfahrräder, Bälle, Anoraks, Mützen, Schals, Werbeprospekte, Körbe und Taschen ungeordnet am Boden tummeln, werden Sie sich wahrscheinlich wünschen, Sie müssten nicht dieses Haus, nicht diese Wohnung betreten, wenn Sie selbst müde von der Arbeit oder vom Einkaufen zurückkommen.

Sorgen Sie also zunächst dafür, dass gerade der Flur frei ist von Gerümpel, dass er hell beleuchtet ist und dass alles, was dort aufbewahrt werden muss, seinen festen Platz hat: an der Garderobe, im Schuhregal, in der Kommode, am Schlüsselbrett, auf der Hutablage oder wo auch immer. Sie werden sehen, um wie viel lieber Sie Ihr Zuhause betreten, wenn die Ordnung im Flur erst einmal eingeführt und bei allen Bewohnern durchgesetzt ist.

In einem zweiten Schritt können Sie daran denken, diese Übergangszone zwischen innen und außen bewusst zu gestalten. Hier liegt es an Ihnen, Schwerpunkte zu setzen.

Wer soll Sie begrüßen, wenn Sie nach Hause kommen? Die Hausgeister, die in Ihrer Abwesenheit Ihr Heim bewacht haben? Dann stellen Sie sie auf. Es können auf Kerzen gesteckte bemalte Pappmachéköpfe sein, die den Eintretenden begrüßen, Hexe, Teufel, Polizist, Großmutter, Räuber, was Ihnen einfällt. Je bizarrer die Hakennase, je schräger der Blick, je spitzer das Kinn, desto besser. Sie glauben gar nicht, wie stark ihre Wirkung auf andere sein kann: Wenn Ihnen Ihre Nachbarin sagt, dass Sie gern Ihre Blumen gießt, vorausgesetzt, Sie decken vorher diese Köpfe zu, bekommen Sie vielleicht ein Gespür für die Wirksamkeit von Bildern.

Ist es nötig zu sagen, dass Ihre Hausgeister viel besser wirken, wenn Sie ihnen selbst Gestalt verleihen? Sie können sie billig aus Tapetenkleister und Zeitungspapier herstellen und beim Modellieren bitten, diese Schutzfunktion wahrzunehmen. Sie können sie auch stricken – von mittelamerikanischen Indianern sind gestrickte kleine Ahnenköpfe überliefert – flach, rechteckig, mit aufgestickten Augen, in einer Reihe an einem Holzstab. Nur Mut: Gestalten Sie Ihre Hausgeister selbst.

Vielleicht wollen Sie aber auch von Ihren Familienmitgliedern begrüßt werden? Dann hängen Sie hier deren Fotos auf oder Bilder, die die Kinder gemalt haben. Oder wollen Sie sich zu Hause erholen? Dann ist im Flur vielleicht der Platz für ein schönes Foto von Ihrem letzten Urlaub.

Der Flur ist auch der Platz für ein uraltes magisches Mittel, das früher in jedem Haushalt zu finden war und zur Hochzeit oder zum Einzug geschenkt wurde. Gemeint ist der Haussegen:

„Grüß Gott,
tritt ein,
bring Glück herein!“

Solche einfachen Worte sind nicht ohne Wirkung, auch wenn wir hundertmal über sie hinweglesen. Stellen Sie sich vor, dort stünde etwa „Blondinen unerwünscht!“ – Sie erleben die Wirkung des Haussegens gleich ganz anders.

Wie viele andere Schutzmittel und Amulette funktionieren auch Haussegen am besten, wenn man sie nicht selbst fertigt, sondern geschenkt bekommt. Wenn Sie für Ihre Freunde und Freundinnen einen Haussegen schreiben, malen oder sticken, stellen Sie sich vor, wie er für den inneren und äußeren Frieden in diesem Haushalt sorgt.

Platz fürs Familienleben: Die Küche

Kennen Sie das auch? Die Küche kann noch so klein sein – und dennoch scheint es manchmal, als sei sie der einzige Raum in Ihrer Wohnung. Gleichviel, ob Sie bei einem zwanglosen Geburtstagsfest in der Küche „nur“ das Büffet vorgesehen haben und mit den Gästen eigentlich im Wohnzimmer sitzen wollten oder ob Sie beim Kochen wie ein Magnet auf die gesamte Familie wirken: Die Küche ist nach wie vor der Raum, in dem alle zusammentreffen – auch wenn es es sich nur um einen Acht-Quadratmeter-Schlauch handelt, der eigentlich wegen Überfüllung geschlossen werden müsste, sobald sich außer Ihnen noch einer Ihrer Wellensittiche darin befindet.

Die Küche und besonders der Herd sind seit jeher das Zentrum jeder Wohnstätte. Doch das macht sie noch lange nicht zu dem idealen Ablageort, an dem die ganze Familie Kindergartenbasteleien, Reparaturbedürftiges und durchzusehende

Zeitungen deponieren darf. Allerdings ist sie sehr wohl ein Ort, an dem jedes Familienmitglied gern aktiv werden sollte – indem es den Tisch deckt oder abräumt, Essen kocht, Kaffee zubereitet, abwäscht, den Müll hinausträgt, den Boden kehrt oder wischt und all die netten Dinge erledigt, die früher die Heinzelmännchen erledigt haben.

Überlegen Sie einmal, was Sie alles in der Küche tun. Mit dem Frühstück sorgen Sie nicht nur für gute Stimmung, Sie legen auch die Grundlage für die Leistungen des Tages, Sie lesen Magie- und Kochbücher oder Ihre Post und die eingetrudelte Werbung, während Sie darauf warten, dass das Spaghettiwasser kocht, oder Sie geben sich beim Abtrocknen im Fernseher (hier gehört er nämlich hin!) die dümmsten Sit-Coms, ohne sich genieren zu müssen – kurz, die Küche ist das Zentrum Ihres Familienlebens.

Sorgen Sie dafür, dass Sie sich in Ihrer Küche wohl fühlen. Nein, keine Angst, jetzt kommen keine Tipps wie „eine Fläche von 40 x 60 cm sollte immer frei sein, damit Sie arbeiten können“ oder „der Herd sollte nicht neben der Spüle stehen, sonst haben Sie keinen Platz, das frisch gewaschene Gemüse klein zu schneiden“. Sie haben nämlich nur in den seltensten Fällen die Möglichkeit, die Lage von Herd und Waschbecken selbst zu bestimmen; doch Sie haben es in der Hand, Ihre Küche von einer Kaufhausküche in eine Hexenküche zu verwandeln, wenn Sie wollen.

- Hängen Sie zum Beispiel an die Wand, an der sich ohnehin jeder anlehnt, der sich auf den Hocker hinter den Tisch setzt, einen Teppich. Am Boden wäre er unpraktisch, an der Wand sorgt er für Gemütlichkeit.
- Hängen Sie Kräuter zum Trocknen in der Küche auf. Ihr Aroma vertreibt die bösen Geister der Verdrossenheit, der Morgenmuffelei und der Winterdepression. Ernten Sie einfach immer wieder Ihre Balkonkästen ab.
- Damit Sie morgens wach werden, sorgen Sie für ein paar rote Farbtupfer in der Küche. Es muss ja nicht gleich ein

roter Noppenfußboden sein, rote Griffe an den Schränken tun es auch.

- Licht ist nicht nur ein Sicherheitsfaktor bei der Hausarbeit (Ihre Fingerspitzen werden es Ihnen danken!), Licht wirkt auch auf Stimmungen. Helles Licht in der Küche ist also nicht verkehrt. Sorgen Sie aber für Plauderstunden mit der Nachbarin auch für eine gedämpftere Beleuchtung.
- Wenn die Tür zur Küche dem Fenster direkt gegenüber liegt, fühlen Sie sich wahrscheinlich energetisch wie im Durchzug, wenn Sie am Herd stehen. Den Durchzug können Sie leicht beenden, indem Sie an die Gardinenstange mitten vor das Fenster ein Mobile hängen. Wenn Sie keine frei fliegenden Wellensittiche haben, kann es auch eine Pflanze sein (bei den Vögeln hätte diese keine große Überlebenschance).
  Unsere Vorfahren hätten hierfür übrigens ein Sieb aus Metall genommen. Metall, das ja aus der Erde kommt, hat eine sehr starke Schutzwirkung vor den Mächten der Unterwelt – und die braucht die Köchin, damit das Essen nicht verhext wird.
  Wenn Sie also eine traditionsbewusste Hexe sind, hängen Sie ein Metallsieb auf und bitten es, Sie vor angebrannten Speisen, Geschmacksverirrungen beim Würzen, nicht aufgehenden Hefeteigen oder sonstigen kulinarischen Missgeschicken zu schützen.

Nicht nur Menschen, auch Werbung, Medikamente, Stundenpläne, Einkaufszettel, Mitteilungen sammeln sich auf magische Weise in der Küche. Machen Sie das Beste draus. Schaffen Sie Orte, an denen all diese Dinge ihren Platz haben: Schachteln, Schubladen, Pinnwände, Tafeln oder Ordner. Damit sie die wichtigen Dinge in dem ganzen Wust nicht vergessen, hängen Sie darüber einen Zweig Rosmarin auf. Er sorgt zugleich für eine Belebung der Atmosphäre, die Ihnen des Morgens den Einstieg in den Tag erleichtern kann.

Ort des Wohlbefindens: Das Wohnzimmer

Im Wohnzimmer spielt sich die entspannte Seite des Familienlebens ab. Wenn alle Schulprobleme besprochen, alle Wunden verarztet, alle Einkaufslisten aufgestellt, das Essen gekocht oder das Geschirr abgewaschen ist, lassen Sie sich im Wohnzimmer nieder.

Heute ist das Wohnzimmer längst nicht mehr die gute Stube, die nie benutzt wird, heute ist es eher der Aufenthaltsraum Ihrer gesamten Familie, etwaige Gäste eingeschlossen, und oft auch der Raum, in dem Sie Mahlzeiten einnehmen. Im Unterschied zur Küche, die durch produktive Energie gekennzeichnet ist, stehen hier eher Frieden und Harmonie im Vordergrund.

Überlegen Sie einmal, für wen Sie diesen Raum einrichten. Natürlich für Sie selbst und Ihre Familie – aber stimmt das wirklich? Hängt über dem Sofa das Bild von Tante Friedchen, damit sie eine Freude hat, wenn Sie sie besucht (schließlich ist sie die Erbtante)? Steht auf dem Tisch die Bleikristallschale von Ihrer Mutter, obwohl Sie und Ihr Mann kein Bleikristall mögen? Ist Ihr Regal voll mit Büchern, Schallplatten und CDs, die Sie eigentlich nie lesen oder anhören (und die ledergebundenen Bände mit Goldschrift machen einfach mehr her als Krimis, wenn „wichtige" Gäste kommen)?

Damit Sie sich in Ihrem Wohnzimmer wirklich wohl fühlen und entspannen können, sollten Sie dafür sorgen, dass es wirklich Ihr Raum ist und er Ihre Energie ausstrahlt. Wenn Sie mit 45 Jahren feststellen, dass Sie eigentlich sehr gern auf dem Boden sitzen und Sofas und Sessel nur ein Kompromiss mit der Außenwelt waren, überlegen Sie jedoch trotzdem, wo

Sie in Zukunft die gemütliche Tasse Kaffee mit Ihrer siebzigjährigen Nachbarin trinken wollen, die steife Knie hat. Ist diese Frage gelöst (am Esstisch, in der Küche, Sie wollen sie eigentlich lieber in ihrer Wohnung besuchen ...), dann schreiten Sie zur Tat und zaubern Sie aus Ihrem Wohnzimmer Ihre Wohlfühloase. Ihre Freunde werden zwar vielleicht verblüfft sein, sich aber bei Ihnen im Endeffekt wohler fühlen, weil die Ausstrahlung des Raums nun stimmt.

Da Sie sich in Ihrem Wohnzimmer entspannen wollen, sollten Sie es vor unerwünschten Einflüssen von außen schützen. Gegen die Blicke der Nachbarn, falls vorhanden, helfen Gardinen. Gegen trübe Stimmung und Lichtmangel hängen Sie Kristalle an die Fenster. Wenn Sie sie außen vor die Fensterscheiben hängen (an einen roten Wollfaden), fangen sie das Sonnenlicht besonders gut ein und streuen es in vielen bunten Lichtflecken, aufgefächert in die Spektralfarben, in Ihren Raum. Diese bunten Lichtflecken sausen beim kleinsten Wind umher wie kleine Kobolde und verbinden Sie über das Sonnenlicht mit dem Universum – lächelnde Energie nicht nur für sonnenarme Räume.

Grünpflanzen liefern Ihnen nicht nur Sauerstoff, sie reinigen auch die Luft und schützen Sie – vor Austrocknung Ihrer Haut, schädlichen Umweltgiften oder Fremdenergien. Besonders gut tun das Farne und Ficus benjamini, aber auch anspruchslose Grünlilien und Dracena („Drachenbäume“). Danken Sie ihnen beim Gießen für ihre Gesellschaft und revanchieren Sie sich ab und zu mit ein bisschen Dünger oder einem Frischluftaufenthalt bei Vollmond, sofern es nicht zu kalt ist.

Eine besondere Art der Gefährdung Ihres häuslichen Friedens erfolgt durch Telefon, Fernseher, Radio und Zeitungen.

Wie Sie es mit dem Telefon zu Hause halten, hängt davon ab, wofür Sie es benötigen. Wenn Sie nicht gestört werden wollen, stellen Sie den Anrufbeantworter an. Der Abend mit dem Partner, den viele Manager inzwischen in ihrem Terminkalender eintragen, sollte ungestört sein, ob Sie ihn nun zu Hause oder im Wellness-Hotel wahrnehmen. Stehen Sie dazu. Auch während eines magischen Rituals würden Sie das Telefon ja abstellen. Und zur Magie einer Beziehung gehört, dass Sie mit ganzem Herzen tun, was Sie gerade tun.

Haben Sie kein Telefon mit Display, bei dem Sie vor dem Abheben sehen, wer anruft, und entscheiden können, ob Sie den Anrufbeantworter ranlassen oder das Gespräch lieber hinter sich bringen, dann gibt es einen einfachen, aber wirksamen Trick, sich vor unliebsamen Einflüssen durch ein Gespräch zu schützen, das Sie eigentlich nicht annehmen wollten: Legen Sie einen Finger unter die Nase. Dabei berühren Sie einen Punkt, der Energiebahnen in Ihrem Körper miteinander verbindet. Wenn Sie ihn berühren, machen Sie gleichsam „zu“ und sind dem, was Ihr Gesprächspartner Ihnen da zur Unzeit ins Haus trägt, nicht schutzlos ausgeliefert.

Medien überschwemmen uns mit schlechten Nachrichten, Unglücken, Katastrophen und Mutmaßungen über ungelegte Eier. Alle derartigen Meldungen tragen fremde Emotionen ins Haus, und wenn Sie sie ungebremst auf sich einströmen lassen, bleibt das nicht ohne Wirkung auf Ihr Wohlbefinden.

Falls Sie nicht zu jenen Menschen gehören, für die Hiobsbotschaften und Werbung das Schönste vom Tag sind, falls für Sie aber auch der Weg der Informationsverweigerung – Fernseher und Radio abschaffen, keine Zeitungen mehr kaufen oder abonnieren und Internetverbindungen mit den neuesten Nachrichtenmeldungen kappen – nicht in Frage kommt, könnte für Sie ein ebenso alter wie wirksamer Schutz stimmig sein: Stricken Sie dabei.

Mit den gekreuzten Nadeln schaffen Sie Distanz – zwischen Ihrem Gegenüber und sich selbst. Es ist im Grunde einerlei, ob Sie das Abwehrzeichen des Kreuzes einem Vampir entgegenhalten oder einem energetischen Blutsauger. Es kann Sie nämlich vor fremden Emotionen ebenso schützen wie vor fremden Gedanken. – Diese Distanz dürfte vielleicht der Grund dafür sein, dass Lehrer und Professoren ein Unbehagen gegenüber strickenden Schülerinnen oder Studentinnen beschleicht: Wer strickt, ist nicht rückhaltlos offen, sondern hört nur mit Vorbehalt zu.

Greifen Sie also zum Strickzeug, auch wenn Sie schon lange nicht mehr gestrickt haben. Stricken ist eine wunderbare, meditative Tätigkeit, die Ihnen hilft, Ihren kreisenden Gedanken geordnete Gestalt zu verleihen. Das Ergebnis ist dabei gar nicht so wichtig. Sollten Sie dazu neigen, sich beim Stricken zu verspannen, gewöhnen Sie sich an, am Ende jeder Reihe Ihre Schultern bewusst zu entspannen. Sie dürfen dabei ruhig einen befreienden Seufzer ausstoßen. Und da es bei Ihnen nicht um tatsächliche Vampire geht, vor denen Sie sich mit gekreuzten Nadeln schützen müssen, können Sie getrost auf das Metall als Material verzichten. Bambus- oder Holznadeln, vor allem in Form von Rundstricknadeln, entlasten Ihre Hände und Ihren Schultergürtel ganz erheblich.

Menschen und Ereignisse hinterlassen ihre Spuren. Ein Raum, in dem Sie ständig streiten – ob über das Fernsehprogramm oder des Kaisers Bart, ob mit Ihren Gästen oder Ihren Mitbewohnern, ist dabei völlig nebensächlich –, ist dadurch belastet. Wenn Sie Ihr Wohnzimmer nicht regelmäßig von dieser Energie reinigen, werden Sie sie immer wieder spüren.

Es könnte Ihnen beispielsweise helfen, wenn Sie zum Streiten grundsätzlich die Wohnung verlassen – besonders im Winter dürfte das endlosen Debatten vorbeugen – oder wenn Sie eine gepflegte Streitkultur entwickeln.

Wenn Sie merken, dass sich ein Streit zusammenbraut, halten Sie inne. Kochen Sie einen aromatischen Tee (aus Kräutern der Provence oder aus Oregano mit einem Hauch Lavendel, aber auch Kamille eignet sich gut), zünden Sie eine Kerze an – am besten eine weiße oder gelbe – und legen Sie den Streitstein bereit. Das ist ein besonderer Stein, der hilft, beim Streiten fair zu bleiben. Sie finden ihn auf einem Spaziergang oder beim Mineralienhändler. Sie erkennen ihn daran, dass er gut in der Hand liegt und Sie dazu anregt, ihn mit beiden Händen zu umschließen. Im Zweifelsfall fragen Sie ihn, wenn Sie ihn finden, ob er Ihr Streitstein ist.

Wenn vor jedem eine dampfende Tasse Tee steht, eröffnet derjenige, der den Tee gekocht hat, den Streit. Er nimmt den Stein in die Hand und formuliert, worum es bei diesem Streit (seinem Verständnis nach) geht. Das weitere Vorgehen können Sie in jedem Buch über konstruktive Gesprächsführung nachlesen: Ich-Botschaften abgeben („Ich habe das Gefühl …“ oder „Für mich klingt das so …“), die Aussage des anderen zusammenfassen und ihn zunächst fragen, ob man ihn richtig verstanden hat, ehe man darauf eingeht, fair bleiben, den anderen ausreden lassen … Theoretisch kennen Sie das alles. Der Stein hilft Ihnen dabei, dieses theoretische Wissen auch in die Praxis umzusetzen. Wer ihn in der Hand hält, hat das Wort. Der Stein hilft dem anderen, den Sprecher ausreden zu lassen, und er hilft dem Sprecher, sich zu konzentrieren und im Streit bei sich zu bleiben. So verhindert er jene Eskalation, die nach einem Streit noch lange die Atmosphäre vergiften kann. Und der Tee entspannt und bietet die Möglichkeit, zugleich eine unüberlegte Antwort hinunterzuschlucken.

Ist Ihr Streitgespräch beendet, so löschen Sie die Kerze und reinigen den Stein unter fließendem Wasser. Sie können ihn nun auch auf das Fensterbrett legen, wo ihn der Mond mit seinem unparteiischen, abgeklärten Licht bescheinen und mit neuer Energie aufladen kann.

Raum für Lebensfreude: Das Kinderzimmer

Können Sie sich an das Zimmer Ihrer Kindheit erinnern? Erschien es auch Ihnen riesengroß, mit vielen geheimnisvollen Ecken? Mit allerlei Geistern, die auf dem Schrank oder unter dem Bett wohnten oder immer wieder Ihre Legosteine in Unordnung brachten? Und als Sie es Jahre später wiedergesehen haben – war es da noch immer so?

Kinderzimmer prägen, und Kinder sehen ihre Zimmer ganz anders als Erwachsene. Ein Zehnjähriger kann nach dem Umzug aus einem acht Quadratmeter großen Raum in einen dreimal so großen „Saal" dazu übergehen, seine Spielsachen und Kleider flächendeckend auf dem Fußboden zu verteilen. Wenn er Ihnen auf die Frage, was denn auf einmal los sei, erklärt: „Hier ist es sonst so furchtbar leer", sollten Sie beginnen, den Raum mit Raumteilern zu untergliedern. Die Bausteine und Klamotten werden umgehend wieder vom Boden verschwinden.

Doch Kinder brauchen nicht nur Strukturen, Kinder brauchen auch Schutzgeister. Sie können sie ihnen als Schutzengel an die Seite stellen, wenn das in Ihr Weltbild passt. Manche Kinder suchen sich diese Schutzgeister auch selbst. Wenn Ihr Vierjähriger darauf besteht, dass neben ihm auf der Bank etwas Platz frei bleibt, damit seine „Schoboxenfreunde" sitzen können, respektieren Sie das. Er zeigt Ihnen im Grunde nur, dass er einen ungezwungenen Zugang zu seinem inneren Ich hat, zu jenem starken Kern in uns, zu dem wir „Großen" erst mühsam mit Meditationen und Visualisierungen wieder Kontakt herstellen müssen.

Sie werden immer wieder Gelegenheit bekommen festzustellen, dass Magie für Kinder kein besonderes Thema ist. Die Palette reicht von der Welt der Märchen und Harry Potter über Terry Pratchetts Scheibenweltromane bis hin zu erstaunlich vielen Computerspielen – Zauber, Magie, übersinnliche Kräfte und Helfer sind in der Welt unserer Kinder heute wieder etwas völlig Selbstverständliches.

Im Kinderzimmer können Sie daher bei vielen Problemen mit magischen Mitteln helfend eingreifen, ohne einen Stilbruch zu begehen. Kinder neigen ohnehin zu der Ansicht, ihre Mutter könne durch Wände oder zumindest um die Ecke schauen und sei in der Lage, Dinge eintreten zu lassen, wenn sie sie nur ausspricht. Also los!

Wenn Ihr Kind sich nicht gern in seinem Zimmer aufhält, kann das daran liegen, dass es voll mit Dingen ist, die das Kind nicht haben will. Auch ein Kinderzimmer ist keine Rumpelkammer. Kaputte Plastikautos, zerrissene Blätter, zu kleine Kleidungsstücke gehören hier ebenso wenig hinein wie Möbel, für die Sie sonst keinen Platz gefunden haben oder die Sie eigentlich auch nicht mehr haben wollen. Fragen Sie nach und helfen Sie Ihrem Kind, seine Umgebung zu gestalten.

Die Ursache für das Unbehagen eines Kindes kann auch die Farbwelt in seinem Zimmer sein. Helle Farben, vor allem Blau, Gelb und Grün, verkörpern das Heranwachsen. Holz erdet und gibt Sicherheit. Zu viele spitze Ecken und Motive hingegen machen unruhig und hektisch, zu viel Rot macht überaktiv und aggressiv. Fragen Sie Ihr Kind, sobald es alt genug ist, um die Farben selbst zu benennen, welche Farbe es an welcher Stelle gern hätte. Sie brauchen deshalb nicht den ganzen Raum neu zu streichen; oft reicht ein Tuch, ein Ballon, ein Bild in der gefragten Farbe aus, um hilfreiche Akzente zu setzen.

Fehlt es Ihrem Kind an Sitzfleisch, so setzen oder stellen Sie sich einmal selbst auf den von Ihnen vorgesehenen Bastel-, Lese- oder Spielplatz, und spüren Sie, wie es sich dort anfühlt.

Sitzen Sie zwischen Tür und Fenster? Das ist – auch wenn die Fenster gut abgedichtet sind – wie im Durchzug zu sitzen. An einem solchen Platz kann man sich nur schlecht konzentrieren oder die Welt über einem Buch vergessen. Hängen Sie ein Windspiel vors Fenster oder einen fünfzackigen Stern. Er kann ruhig größer sein. Er bremst nicht nur die Energie, die zur Tür hereinkommt, vor dem Fenster ab, er schützt auch wirkungsvoll vor bösem Zauber und Dämonen, die von draußen hereinkommen könnten. Die Linien, die seine Zacken verbinden, ergeben ein Pentagramm, und gegen das ist selbst Mephisto machtlos, wie wir seit Goethes „Faust" wissen.

Wenn Sie hingegen vor einer Wand sitzen, sich aber dennoch nicht konzentrieren oder entspannen können, hängen Sie über dem Platz, an dem Sie sitzen, ein Mobile auf. Wenn Sie es mit den Kindern gemeinsam basteln wollen, wählen Sie eines, das Vögel zeigt. Bei Vögeln ist das Kreisen über einem Platz, der sie fasziniert, ganz natürlich. Sie können den Kindern erklären, die Vögel kreisten über ihnen, weil sie ihnen beim Spielen oder beim Lesen zusehen wollten. Wenn Sie den Vögeln echte Federn geben, verstärken Sie über diesem Platz das Element Luft, das herrlich zu den Ideen und Gedanken passt, die beim Spielen oder Lesen frei werden.

Bei größeren Kindern, die selbstständig Aufgaben zu erledigen haben, kommt es immer wieder vor, dass sie sie vergessen. Dann sind sie ehrlich geknickt, können sie aber im Nachhinein manchmal aus Zeitgründen nicht mehr nachholen.

Hier können magisch aktive Eltern helfend eingreifen: Nehmen Sie eines der Stofftiere Ihres Kindes (nicht gerade den Lieblingsschlafteddy) und bitten Sie es ganz ernsthaft, Ihr Kind heute an diese Aufgabe zu erinnern. Dann setzen Sie das Stofftier in das Blickfeld Ihres Kindes – also zum Beispiel neben den Computerbildschirm – und erklären Sie Ihrem

Kind, dass dieses Tier es an seine Aufgabe erinnern werde. Sie werden sehen, es klappt – auch noch bei Vierzehnjährigen.

Wenn Ihr Kind sich fürchtet, nehmen Sie auch das ernst, besonders wenn es sich vor dem Schlafengehen fürchtet. Es hilft Ihrem Kind nämlich nicht weiter, wenn Sie Ihre eigene kindliche Angst vor der Dunkelheit als Erklärung heranziehen und ihm ein Nachtlicht geben, das den für Sie unsichtbaren Monstergeist in der Ecke neben dem Schrank nur noch unheimlicher macht.

Erweitern Sie das Zubettgehritual um einen ebenso einfachen wie wirkungsvollen Bestandteil: Sobald die Zähne frisch geputzt sind und der Atem Ihres Kindes geradezu umwerfend riecht (zeigen Sie sich beim Test entsprechend beeindruckt!), lassen Sie es (mit Ihnen gemeinsam) einmal in jede Zimmerecke blasen. Das wird alle bösen Geister, die dort lauern könnten, zuverlässig verscheuchen. Das Fortblasen ist nämlich eine alte magische Handlung, mit der Sie als Mutter bekanntlich sogar Schmerzen verschwinden lassen können; und das Zähneputzen vertreibt ohne Frage nicht nur den Geist aus den Ecken des Zimmers, sondern auch die Kariesdämonen aus dem Mund Ihres Kindes …

Insel der Ruhe und Intimität: Das Schlafzimmer

Unser Schlafzimmer soll es uns ermöglichen, ruhig und tief zu schlafen, uns dabei gut zu entspannen und am Morgen erfrischt zu erwachen. Es gehören also im Wesentlichen ein Bett, ein Nachttisch, vielleicht ein gemütlicher Sessel und eine Leselampe hinein. Die Realität sieht jedoch oft genug anders aus.

In vielen Wohnungen finden sich im Schlafzimmer alle erdenklichen Einrichtungsgegenstände, die für Lebensbereiche stehen, welche mit ruhigem, entspannten Schlaf nichts zu tun haben. Die Steuerbelege der letzten sieben Jahre oder die Skianoraks der gesamten Familie unter dem Bett sind da noch harmlos – die letzten sieben Jahre haben Sie wirtschaftlich überlebt, und die Anoraks verbinden Sie hoffentlich mit Ferien und Entspannung.

Die Nähmaschine oder der Computerarbeitsplatz tragen schon ganz andere Energien in den Raum. Bei vielen Menschen kommt noch der Zweitfernseher, die Ladestation des Schnurlostelefons, das Babyfon, ein Radiowecker oder gar die in den Bettkopf eingebaute Stereoanlage hinzu, von der elektrischen Heizdecke ganz zu schweigen, die womöglich die ganze Nacht im Bett bleibt.

Ein Baubiologe würde Ihnen jetzt etwas von Elektrosmog und der Belastung durch einander überlagernde elektromagnetische Felder erzählen. Die Folgen von zu hoher elektromagnetischer Belastung spüren Sie selbst als Reizbarkeit, Schlaflosigkeit oder Schlafstörungen, Appetitlosigkeit, Abgeschlagenheit oder als Schwindelgefühl. Messen lassen sich in Ihrem Körper in einer solchen Situation Veränderungen der Hirnströme und der Herzströme, ein Rückgang der Melatoninproduktion in der Zirbeldrüse, die Störung des Informationsaustausches an der Zellmembran oder die Erhöhung von Zellteilungsraten – dies nur, falls Ihr Partner „alles Einbildung“ knurren sollte, wenn Sie jetzt aktiv werden wollen.

Die gute Nachricht: Abstand halten hilft. Ein Tipp, den Sie unbedingt beherzigen sollten: Geräte im Stand-by-Modus haben im Schlafzimmer nichts verloren. Nicht nur wegen Ihrer Stromrechnung, vor allem wegen Ihrer Gesundheit. Ziehen Sie in der Nacht den Stecker raus.

Noch besser wäre es, Sie verbannen alle Elektrik aus Ihrem Schlafzimmer und stellen den Wecker, der am Stromnetz hängt, zumindest nicht neben Ihren Kopf, sondern weit weg, falls Sie das Ticken eines mechanischen Weckers stört. Das ist eigentlich schade, denn wie gut könnten Sie das Aufziehen des Weckers in Ihr eigenes Abendritual einbauen, indem Sie es mit einem guten Wunsch verbinden und sich vorstellen, wie der bei jedem Ticken seiner Realisierung entgegengeht!

Doch vielleicht haben Sie Ihr Schlafzimmer nicht freiwillig, sondern notgedrungen auch als Arbeitsplatz eingerichtet und mit Elektrogeräten vollgestopft? Dann müssen Sie zaubern. Denn in Ihrem Schlafzimmer bekämpfen sich bei dieser Doppelbelegung zwei entgegengesetzte Energien: Der Arbeitsplatz erfordert Aktivität, der Schlafplatz Ruhe und das Gefühl der Sicherheit und des Schutzes.

Eine klare Trennung der Bereiche ist also der erste Schritt zur Rettung Ihrer Insel der Ruhe und Intimität. Ein Raum, der zwei Funktionen erfüllen soll, darf das auch nach außen erkennbar tun. Sie können diese Trennung auf mehreren Ebenen umsetzen: durch die Einrichtung, durch die Gestaltung und durch Ihr Verhalten.

Wenn Sie Ihr Arbeits-Schlafzimmer einrichten, machen Sie sich zunächst bewusst, dass jedes Buch und jeder Aktenordner Information trägt und den Raum belebt, in dem er sich befindet. Aktenordner stehen nicht nur für ihren Inhalt, sondern darüber hinaus auch für den Bereich der Arbeit an sich. Auch wenn der Platzmangel noch so groß ist: Übers Bett gehören keine Aktenordner und keine Bücher, die Sie für Ihre Arbeit benötigen. Umgekehrt kämen Sie ja auch nicht auf die Idee, Ihre erotische Nachtlektüre über dem Schreibtisch aufzustellen, oder?

Teilen Sie den Raum auch optisch.

- Ein Regal kann als Raumteiler dienen, wenn Sie die der Schlafinsel zugewandte Seite mit Stoffen oder Bildern dekorieren, die eindeutig in den Schlafbereich gehören.

- Ein Vorhang aus grünen Pflanzen kann dem gleichen Zweck dienen, doch wird er leicht zum Platzproblem. Es sollten keine Hängepflanzen sein – schließlich soll es mit Ihrer Berufstätigkeit ja aufwärts gehen –, und Pflanzen, die hinauf wachsen, werden meist recht ausladend, bis sie die Höhe erreicht haben, in der sie einen wirkungsvollen Raumteiler abgeben.
- Einen wunderschönen und zugleich romantischen Raumteiler erhalten Sie, wenn Sie um das Bett von der Decke herab eine Gardine hängen. Assoziationen an „Himmelbett“ sind durchaus erlaubt. Dieser Trick ist auch dann sinnvoll, wenn das Bett dichter am Fenster stehen muss als der Arbeitsplatz. In einem solchen Fall kann es empfehlenswert sein, Traumfänger nicht nur vor das Fenster, sondern auch auf die dem anderen Teil des Raumes zugewandte Seite des Betts zu hängen.

Jeder Nutzungsbereich hat seine eigene Ausstrahlung und Anziehungskraft. Stellen Sie daher den Schreibtisch auf keinen Fall so auf, dass Sie aufs Bett schauen – und umgekehrt. Sonst kann es Ihnen passieren, dass Sie bei der Arbeit ständig mit der Müdigkeit kämpfen oder nicht schlafen können, weil Ihnen ungelöste Arbeitsprobleme im Kopf herumkreisen. Auch hier hilft der Vorhang rings ums Bett.

Lassen Sie zusätzlich die Kraft der Farben für Sie arbeiten.

Den Schlaf fördern Farben wie Blau und Violett. Streichen Sie die Schlafzimmerdecke in einem dunklen Blau oder hängen Sie einen Baldachin, einen Wandteppich oder ein großes Bild in diesen Farben oder aber in ruhigen, gedeckten Grüntönen auf. Wählen Sie bei Schlafstörungen oder einer gemischten Nutzung des Raumes möglichst blaue oder violette Bettwäsche.

Dem Arbeitsbereich geben Sie stattdessen aktivere Farben, die zudem Erfolg verkörpern: ein sonniges Gelb oder Orange, etwas Gold, ein lebhaftes Grün oder Dunkelblau für den beruflichen Aufstieg.

Eine unterschiedliche Farbgebung an Wänden, Fußboden und Decke kann diese Trennung subtil, aber ungeheuer wirksam ausdrücken. Falls Sie aber zu den Menschen gehören, die immer wieder einmal umräumen, oder falls Sie mit der derzeitigen Lösung nicht zufrieden sind, kommen für Sie endgültige Mittel der Raumgliederung nicht in Frage. Beschränken Sie in diesem Fall Ihre Farbgestaltung auf bewegliche Elemente wie Teppiche, Vorhänge oder Bilder.

Die dritte Form, die Funktionen zu trennen, ist durch Ihr Verhalten. Dazu gehört Alltägliches: Legen Sie keine Arbeitsunterlagen auf dem Bett ab, setzen Sie sich nie im Schlafanzug an den Schreibtisch. Räumen Sie regelmäßig auf. Machen Sie das Bett, damit die Nacht aus Ihrem Arbeitsbereich heraus bleibt, und schließen Sie alle offenen Bücher und Mappen auf dem Schreibtisch, ehe Sie schlafen gehen.

Erleichtern Sie sich die Trennung der Funktionsbereiche durch magische Hilfsmittel. Vielleicht mögen Sie ein Klangspiel, das mitten im Raum hängt, bewusst einsetzen, indem Sie es anschlagen, sobald Sie an den Schreibtisch gehen. Machen Sie ein kleines Ritual daraus. Setzen Sie sich hin und schließen Sie die Augen, spüren Sie dem Klang nach und stellen Sie sich vor, Sie wären in einem Büro, für das Sie teure Miete zahlen müssen und das Sie allein deshalb jetzt effizient nutzen möchten. Und dann öffnen Sie die Augen wieder und gehen konzentriert an Ihr tägliches Arbeitspensum.

Anstelle des Klangspiels kann Ihnen auch eine Duftlampe mit einem Aromaöl helfen, das Sie nur bei der Arbeit verwenden. Vorschläge für Düfte, die fürs Büro geeignet sind, finden Sie weiter unten ab Seite 132. – Bevor Sie schlafen gehen, entzünden Sie umgekehrt ein Räucherstäbchen mit einer Duftnote, die Sie niemals im Büro verwenden würden. Der Rauch reinigt zugleich den Raum und vertreibt die Energie des Tages.

Oase der Reinigung: Das Bad

Ihr Badezimmer soll vor allem eines: Ihrem Sauberkeitsbedürfnis entgegenkommen, und das in einer Form, in der Sie sich wohl fühlen. Das kann sehr unterschiedlich aussehen.

Ein Badezimmer mit dunkelbraunem Korkfußboden und einer (wasserabweisend überstrichenen) Tapete in warmen Braun- und Lilatönen vermittelt zwar nicht das gleiche Gefühl von klinischer Sauberkeit wie ein weiß gekacheltes Bad, in einem solchen Raum wird man aber garantiert nicht frieren – auch nicht an einem kalten Wintermorgen.

Ist Ihr Thema des Morgens nicht das Frieren, sondern das Wachwerden, so setzen Sie lieber auf andere Farben. Leuchtendes Gelb kann Ihnen die Kraft der Morgensonne ins Bad holen, Türkis oder Blau versetzt Sie in die Traumwelt eines orientalischen Bades, in der Sie vielleicht eher die Augen aufbekommen als in einem grell beleuchteten, strahlend weißen Raum.

Wahrscheinlich hilft Ihnen auch ein festes Morgenritual, dessen Schritte Sie selbst mit geschlossenen Augen absolvieren könnten. Sprechen Sie dabei alle fünf Sinne an. Es müssen ja nicht gleich sechs Lautsprecher in der Badezimmerdecke eingelassen werden, die Ihre Ohren wecken – ein kleiner CD-Player tut es auch. Licht und Farben wecken Ihre Augen; eine gut riechende Bodylotion belebt Ihre Haut ebenso wie Ihren Geruchssinn, und für guten Geschmack im Mund sorgt Ihre Zahnpasta.

Stellen Sie sich vor, wie Sie alle Poren Ihres Körpers in den Tag holen, während Sie sich Wasser ins Gesicht spritzen, unter der Dusche stehen, Ihre Lieblingsmusik hören oder sich eincremen. CD-Player und Kassettenrekorder haben den Vorteil, dass jedes Familienmitglied mit minimalem Aufwand die gleiche Chance auf seine eigene Aufwachmusik im Bad hat.

Ihr Badezimmer-Ritual kann auch darin bestehen, dass Sie Ihren ganzen Körper mit einer trockenen Bürste massieren und sich anschließend selbst umarmen, wenn Ihnen die Dusche viel zu nass, die Wanne viel zu kalt und die Bodylotion viel zu klebrig ist. Probieren Sie es aus.

Die Waschmaschine steht im Bad goldrichtig. Nicht nur, weil sie zum Thema Reinigung passt. Sie stellt auch eine wundervolle Ablage für Ihre Kerzen und Wasserschalen mit Aromaöl dar. Achten Sie jedoch darauf, dass sie nicht zur Nippessammelstelle verkommt, sonst haben Sie nach dem ersten Schleudergang möglicherweise Scherben am Boden. Die bringen zwar Glück, aber nicht, wenn Sie des Morgens mit nackten Füßen hineintreten, während Sie noch halb blind ins Badezimmer tappen.

Wenn Ihr Bad ein Fenster hat, können Sie Ihren Farnen Ferien im Bad schenken. Sie mögen die feuchte Luft im Bad und sorgen hier für gute Energie. Auch als Winterquartier für Balkonpflanzen ist Ihr Bad gut geeignet, vor allem, wenn Sie den Heizkörper unter dem Fenster nur selten anstellen.

Platz zum Loslassen: Die Toilette

Wir benutzen die Toilette, um Dinge loszulassen, die unser Körper nicht mehr braucht. Verstärken Sie das Loslassen, indem Sie alle Prospekte und Versandhauskataloge, die Ihnen ins Haus flattern, auf der Toilette ablegen und hier lesen. Sie werden leichter als im gemütlichen Wohnzimmersessel entscheiden können, was Sie wirklich benötigen und was nicht. Wenn Sie auf dem WC Platz für ein Bücherregal haben, hängen Sie es auf. Stellen Sie hier alle Bücher auf, die Sie gelesen haben, nicht unbedingt behalten möchten, aber durchaus weitergeben würden.

Der Deckel der Toilette soll stets geschlossen sein, wenn sie nicht benutzt wird, sonst geht das ganze Geld aus dem Haus; diese Weisheit unserer Großmütter deckt sich mit den Lehren des Feng Shui – wobei es dort nicht das Geld, sondern die Lebensenergie, das Chi ist, das das Haus unkontrolliert verlässt. Während Sie den Deckel schließen, stellen Sie sich vor, wie Sie der Energie, die Ihnen da entwischen will, die Tür vor der Nase zuschlagen. Und dann nehmen Sie die Energie mit und zeigen ihr, wo sie sich nützlicher machen könnte.

Um zu verhindern, dass auf der Toilette die falsche Energie Ihre Wohnung verlässt, können Sie hier auch ein Pentagramm oder die Satorformel aufhängen (siehe Seite 87). Stellen Sie sich vor, wie der Sämann Arepo mit den Rädern zugleich die Energie festhält, die Ihrer Wohnung entweichen will. Gegen den Energieverlust auf der Toilette hilft außerdem ein Kristall vor dem Fenster, sofern die Glasscheibe darin klar ist. Er holt Ihnen das ganze Spektrum des Regenbogens herein. Ein roter Toilettendeckel, der das Element Feuer verstärkt, sorgt für mehr Wärme auf Ihrem stillen Örtchen.

Spiegel Ihres Unterbewusstseins: Der Keller

Der Keller ist ein Raum, in den wir all das stellen, was wir nicht oder nicht mehr in der Wohnung haben wollen oder nicht ständig brauchen. Hat unsere Wohnung keinen Keller, so übernimmt ein Abstellraum oder die Garage diese Funktion. Gehen Sie ruhig einmal in Ihren Keller und betrachten Sie ihn bewusst als Spiegel Ihres Unterbewusstseins. Liegen da nicht jede Menge Dinge herum, die Sie schon längst hätten ausmustern wollen?

Snowboards und Autoreifen (die gerade nicht zur Jahreszeit passende Garnitur), auch Weinflaschen, die hier kühl lagern können, haben im Keller ihren angestammten Platz. Leider teilen sie ihn meist mit jeder Menge Gerümpel, von dem wir uns eigentlich längst befreien wollten, es aber nicht ganz geschafft haben.

Da steht vielleicht das Kinderbett, das Ihrem Jüngsten längst zu klein ist und das Sie eigentlich nicht mehr benötigen. Halten Sie vielleicht noch unbewusst an der Kindheit Ihres Kindes fest? Wünschen Sie sich vielleicht tief im Innern, dass Sie es doch noch einmal benötigen? Machen Sie ein Trennungsritual. Das gilt natürlich auch für alle anderen Dinge, die in Ihrem Keller eigentlich nichts zu suchen haben.

Überlegen Sie sich, was Sie da genau festhalten, und lösen Sie dieses Band liebevoll auf. Dazu bietet es sich an, mit Bändern zu arbeiten, die Sie während des Rituals symbolisch zerschneiden. Und dann tragen Sie den Gegenstand, an dem Sie festgehalten haben, aus dem Keller, aus dem Abstellraum hinaus ins Freie. Sie können ihm den klassischen „Wer-will-mich?"-Zettel anhängen oder alle Freundinnen anrufen, ob sie ihn gebrauchen können, Sie können ihn zur nächsten Mülldeponie oder zum Kirchenflohmarkt bringen – nur aus dem Keller muss er jetzt hinaus.

Auch Umzüge sind gute Gelegenheiten, sich mit dem Keller zu befassen. Sie haben etwas von einer Häutung. Wenn Sie die Trennungsrituale vorher bewusst vollziehen, fällt es Ihnen sicher leichter, am Tag des Umzugs das zurückzulassen, was Sie nicht mehr benötigen. Keinen Zweck hat es dagegen, den Keller leer zu räumen und radikal alles wegzuwerfen, was darin ist. Sie werden diesen Platz bald wieder genauso voll gestopft haben, mit Dingen, die für Sie unbewusst eine ganz ähnliche Aufgabe erfüllen wie jene, die Sie gerade weggeworfen haben.

Gute Wünsche für unterwegs: Die Türschwelle

Wenn wir einen Gast haben, begleiten wir ihn, wenn er wieder geht, bis an die Wohnungs- oder Haustür. Wir denken darüber nicht weiter nach, und doch hat diese Höflichkeitsgeste einen tieferen Sinn: Jeder, der die Schwelle Ihres Hauses, Ihrer Wohnung überschreitet, überschreitet damit auch eine Grenze. Kommt er von draußen herein, so trägt er die Außenwelt in den geschützten Bereich Ihres Heims; geht er über die Schwelle hinaus ins Freie, so verlässt er diesen geschützten Bereich wieder.

Wenn Sie Ihren Gast bis an die Grenze der Außenwelt begleiten und ihm dann erst „Komm gut heim" wünschen, geben Sie ihm mit den Worten auch Ihren Schutz mit auf den Weg. Diese Energie wird ihn begleiten. Dasselbe tun Mütter, wenn sie ihrem Schulkind an der Wohnungstür (neben vielen überflüssigen Ermahnungen) auch einen Kuss mit auf den Weg geben.

Opernregisseure vollführen eine ganz ähnliche Geste, wenn sie ihre Sänger auf der Schwelle zum Auftritt umarmen, „Toi, toi, toi" wünschen und ihnen über die Schulter spucken, um alles Unheil zu bannen, das eventuell hinter ihnen lauern könnte – zum Beispiel den Dämon des plötzlich vergessenen Textes, des Frosches im Hals und den Dämon der Heiserkeit.

Wenn Sie in einem eigenen Haus wohnen und Ihre Lieben bis zur Gartentür begleiten, können Sie Ihren Kleinen und auch dem liebsten Großen eine Hand voll Erde oder Sand hinterherwerfen. Das schützt sie unterwegs und bringt sie auf den richtigen Weg. Allerdings müssen Sie es so machen, dass sie es nicht bemerken, sonst hilft es nicht.

Die Macht der Schwelle als Grenze können Sie ausnutzen und verstärken, indem Sie darunter allerlei Glücksbringer vergraben. Münzen sind ein guter Schutz vor finanzieller

Not, und Pflanzen, die Sie ansonsten in Ihren Türkranz stecken würden, schützen auch unter der Schwelle vor Unheil und Eindringlingen.

Die Schwelle ist nicht nur die Grenze Ihres Haushalts. Sie steht auch für die Schwelle zwischen Leben und Tod und kann als solche zum Schadenzauber eingesetzt werden. Böse Menschen vergraben unter Beschwörungen Haare eines anderen vor einer Schwelle. Sobald er diese überschreitet, muss er sterben, heißt es. – Doch ehe Sie das ausprobieren, bedenken Sie: Alles was Sie tun, kommt dreifach zu Ihnen zurück.

Tummelfeld für Hexereien: Die Hausarbeit

Was Sie gut können, das machen Sie gern und mit Freude, und was Sie mit Freude tun, gibt Ihnen diese Freude dreifach zurück – bei kaum einer Arbeit ist diese Weisheit so wichtig wie bei der Hausarbeit.

Damit Ihnen die Hausarbeit Freude bereitet, sorgen Sie als Erstes dafür, dass Sie sie gut können – oder delegieren Sie sie an Wesen, die sie besser beherrschen als Sie. Bilden Sie um sich herum ein richtiges Heer von Fachleuten aus, und Ihre Hausarbeit wird Ihnen förmlich aus der Hand gerissen.

Das klappt bei Ihnen nicht? Dann aktivieren Sie alle magischen Helfer, die Sie bekommen können, und verändern Sie Ihre Einstellung zur Hausarbeit.

Erste Hilfe kommt aus der Welt der Steine. Im Haushalt kann ein kleiner Mookait Wunder wirken. Der ocker-braun-gelb gebänderte Stein, ein australischer Jaspis, gibt Ihnen selbst beim Staubwischen den richtigen Schwung. Binden Sie sich ein besonders schmuckes Exemplar an den Griff des Staubsaugers. Noch besser kann er allerdings seine Wirkung entfalten, wenn Sie all Ihren Lieben, die mit Ihnen Haus und Pflichten teilen (sollten), einen Mookait schenken!

Die zweite Hilfe kommt aus der Welt der Klänge. Legen Sie sich zur Hausarbeit Musik auf und singen Sie mit. Bei Abba sind Sie wahrscheinlich selbst nach längerem Staubsaugereinsatz noch im Takt – und sei es in dem vom nächsten Lied auf der Platte. Sicher sind Sie dann noch eine Zeit lang voll Schwung und guter Laune. Und der Staubsaugerlärm ist Ihr Verbündeter beim Vertreiben von schlechten Energien.

Lassen Sie auch die Qualität der Zeit für sich arbeiten. Wenn Sie an einem Tag, an dem der Mond in einem Luftzeichen steht (schauen Sie in Ihren Mondkalender) die Wohnung lüften und sie an den darauf folgenden zwei Tagen, an denen er in einem Wasserzeichen steht, feucht reinigen – das Ganze am besten bei abnehmendem Mond –, dann bekommen Sie Ihre Wohnung so leicht sauber wie nie zuvor. Zu den Arbeiten für den Lufttag gehören auch das Putzen der Fenster (mit etwas Spiritus oder Essig im Wasser), das Ausbürsten Ihrer Kleidung und das Kehren der Wohnung.

Zum Ausfegen der Wohnung noch ein Hinweis: Kehren Sie nicht einfach alles wahllos zur Tür hinaus, was sich in Ihrer Wohnung so ansammelt. Ein anderer könnte die abgeschnittenen Haare und die Finger- und Zehennägel einsammeln und zu einem Schadenzauber verwenden. Denken Sie nur an die Voodoo-Puppen aus dem ersten Kapitel. – Fegen Sie stattdessen Ihre Wohnung von außen nach innen und verbrennen Sie zum Schluss den Kehricht in Ihrem Ofen (oder stecken Sie ihn in den Sack mit dem Restmüll, dann landet er in der Müllverbrennung). Das hat noch einen Vorteil: Wenn Sie etwas verloren haben, ist auf diese Weise die Chance wesentlich größer, dass Sie es wiederfinden.

Auch indem Sie in die Hände klatschen, können Sie eine Wohnung reinigen: Klatschen Sie einfach alle nach dem Lüften und Putzen noch übrig gebliebenen Dämonen und Geister aus den Ecken hervor und zum offenen Fenster hinaus. Dabei kann Sie wieder Musik wunderbar unterstützen; am besten funktioniert es mit Mozart.

Weitere Hilfe bekommen Sie aus der Welt der Analogien. Wenn Sie Schmutz auf den Leib rücken, tun Sie es gezielt. Wie Schrauben aus einem Gewinde, so lösen Sie auch Schmutz, indem Sie links herum reiben, wischen, abwaschen. Lachen Sie nicht: Auch in Apotheken rühren die Mitarbeiter bis heute Arzneien, die etwas lösen sollen, links herum an – auch die Rechtshänder. Machen Sie es ihnen nach. Wenn Sie dagegen etwas aktivieren wollen, so müssen Sie es rechtsherum rühren, drehen oder reiben. Das betrifft zum Beispiel Metalle, die Sie auf Hochglanz polieren wollen.

Die Sache mit der Hausarbeit funktioniert am allerbesten, wenn Sie in Ihrer Wohnung oder Ihrem Haus etwas einführen und allen Mitbewohnern verständlich machen, das so alt und einfach ist, dass es fast schon langweilig ist. Aber es wirkt: die Magie der Ordnung.

Wenn alle Dinge ihren Platz haben, wenn jeder weiß, was sich hinter der komplexen Aufforderung: „Bitte räum dein Zimmer auf, damit ich darin Staub saugen kann,“ verbirgt, ist die halbe Hausarbeit wie von selbst gemacht. Stellen Sie sich vor, Sie stehen nach einem Fest noch halb verschlafen in der Küche und müssten nun anfangen, sich für jedes Teil, was da steht und liegt, einen Platz zu überlegen – und das jeden Tag aufs Neue. Eben. So aber gleiten die abgewaschenen Teller fast wie von selbst zu ihren Brüdern in den Schrank, wandern die Tassen zu ihren Schwestern, rollen die Gläser und Töpfe an ihren Platz, und ohne dass Sie viel geistige Anstrengung dazu brauchen, ist die Küche bald wieder benutzbar.

Die fest gefügte Ordnung der Dinge erleichtert Ihnen nicht nur das Wegräumen und Wiederfinden von Gegenständen, sie hält Ihnen auch den Kopf frei. Während Sie Ihren Haushalt ordnen, können Sie wie nebenher ganz leicht auch die Gedanken ordnen, die Ihnen im Kopf umherschwirren.

Wissen Sie nun, warum Weihnachten und Geburtstage so gefährlich sind? Die Geschenke, die am Anfang nett verpackt auf dem Gabentisch liegen, gefährden Ihre Ordnung, bis Sie für sie den richtigen Platz gefunden haben …

Ihre Wäsche ist Ihre zweite Haut, und das ist durchaus wörtlich gemeint. Was mit ihr geschieht, sollte Ihnen besonders am Herzen liegen. Machen Sie deshalb aus dem Waschtag ein Fest für die Sinne.

Während Sie die Wäsche in die Waschmaschine stopfen und Waschmittel dazugeben, bitten Sie dieses, den Schmutz besonders sanft aus der Wäsche zu lösen und sie von allen Verschmutzungen und Belastungen zu befreien.

Während Sie sie aufhängen, freuen Sie sich an den sauberen Farben, dem frischen Weiß, der Reinheit Ihrer Kleidung. Während Sie sie ausschütteln und mit den Händen ausstreichen, stellen Sie sich vor, wie Sie alle eventuell noch darin steckenden trüben Gedanken und Erinnerungen herausstreichen. Bitten Sie die umgebende Luft, Ihre Wäsche gut durchzupusten und Platz zu schaffen für frischen Wind. Der ist Ihnen dann sicher, wenn Sie ein solcherart behandeltes Wäschestück das nächste Mal tragen.

Das Bügeln ist ein heikles Thema. Wenn Sie es nur selten tun, verzichten Sie damit auf die Wärme, die Sie Ihrer Kleidung mit dem heißen Eisen mitgeben können. – Ihnen ist ohnehin nie kalt? Dann bügeln Sie auch weiterhin nicht. Wenn Sie dagegen zu den verfrorenen Zeitgenossen gehören, so bügeln Sie und stellen Sie sich dabei vor, wie die Wärme, die Sie in Ihre Wäsche schicken, wieder zu Ihnen zurückkommt, wenn Sie die Teile tragen oder sich unter die Bettdecke mit dem gebügelten Bezug legen. Freuen Sie sich an der glatten Wäsche und stellen Sie sich vor, wie sie beim Anziehen sanft, warm und glatt über Ihre Haut streicht.

Dann legen Sie sie zusammen oder hängen sie auf einen Bügel und räumen Sie sie in Ihren Schrank. Stecken Sie Ihre Nase dabei hinein und atmen Sie den herrlich frischen Duft Ihrer Wäsche ein. Nun lassen Sie die Zeit für sich arbeiten: Ein Lavendel- oder Duftkissen zwischen den Kleidungsstapeln verleiht Ihrer Wäsche nicht nur einen wunderbar sinnlichen oder aromatischen Duft, es vertreibt auch Dämonen – zumindest die des Muffs, des Gilbs oder der Motten.

Wenn Sie ein derart gewaschenes Wäschestück tragen, wird sein sanfter Duft Sie wieder an die Reinheit, den frischen Wind, die Wärme und den Schutz vor Dämonen erinnern, die Sie ihm mitgegeben haben. In einer derart behandelten zweiten Haut sollten Sie sich rundum wohl fühlen. Wenn nicht, wandeln Sie die Behandlung nach Ihren eigenen Bedürfnissen ab.

Raum für Gaben des Schicksals: Der Einkauf

Einkaufen ist für viele von uns eine Wissenschaft für sich, andere erleben es als Stress pur, und manche genießen es in vollen Zügen. Haushaltsratgeber und Verbraucherfibeln sparen nicht mit Tipps, wie man ökologisch und ökonomisch einkaufen kann. Natürlich gehen Sie nie einkaufen, wenn Sie hungrig sind; Sie machen sich auch immer eine Liste, damit Sie nicht Sonderangeboten oder Spontankäufen erliegen, und Sie verzweifeln, wenn Sie etwas nicht bekommen, das Sie eingeplant haben. Tun Sie das wirklich?

Nein. Sie gehen aus der Wohnungstür, prüfen, ob Sie Rosmarin am Einkaufskorb (fürs Gedächtnis) und Schlüssel und Geldbörse in der Manteltasche haben und bitten das Universum, Ihre Schutzgötter oder wen auch immer, Ihnen jetzt zu dem zu verhelfen, was Sie brauchen.

Mal ganz ehrlich: Sind Sonderangebote nicht etwas Wunderbares? Sie nehmen Ihnen die Entscheidung „Was koche ich morgen?“ ab und sparen zudem noch Geld, das Sie vielleicht für etwas anderes gebrauchen können.

Seien Sie offen für das Ungewöhnliche. Wenn Sie mit der Straßenbahn eine Station zu weit fahren und vor einem Laden aussteigen, in dem Sie noch nie waren, gehen Sie hinein und sehen Sie sich um. Vielleicht finden Sie hier das Stickgarn in genau dem Blau, das Sie schon lange suchen, oder das optimale Weihnachtsgeschenk für Ihre Mutter.

Wer offen ist für unvorhergesehene Dinge, erleichtert es dem Schicksal ungeheuer, seine Wünsche zu erfüllen. Das kann das tadellose Schnäppchen beim lang gesuchten Businessanzug ebenso sein wie frische, knackige Paprikaschoten im Sonderangebot oder Ihr Lieblingsjoghurt zum halben Preis, weil er morgen abläuft – bis dahin haben Sie ihn ohnehin längst verputzt.

Quelle der Energie und Gesundheit: Die Mahlzeiten

Es gibt Frauen (und Männer), die möchte man – auch als Frau – einfach heiraten, weil sie so göttlich kochen. Es schmeckt bei ihnen einfach wunderbar, und man würde sich am liebsten wie eine Katze zusammenrollen und laut schnurren. Doch wenn Sie diese kochenden Wesen nach ihren Rezepten fragen, werden Sie ganz schlichte Antworten bekommen, einfache Zutaten, keine besonderen Küchengeheimnisse. Was ist es, das uns nach manchen Mahlzeiten das Gefühl vermittelt, dass wir uns wie im Paradies fühlen?

Die Antwort ist furchtbar einfach: Es ist die Art, wie diese Wesen kochen. Mit Liebe, mit Aufmerksamkeit, mit Hingabe. Sie sind bei der Sache oder denken dabei an die Menschen, die mit ihnen (oder auch ohne sie, wenn sie als Koch oder Köchin in einem Restaurant wirken) diese Mahlzeiten einnehmen. Sie rühren Zuneigung, Wärme, Wohlbefinden ins

Essen und mixen Freude, Komplimente und ein Augenzwinkern in den Aperitif.

Das können Sie auch.

Seien Sie beim Kochen bei der Sache. Tun Sie es mit Liebe – Sie werden den Unterschied schmecken. Zutaten wie Natriumglutamat als Geschmacksverstärker haben Sie nicht nötig. Sie verwenden frisches Gemüse und Obst der Saison, Getreide vom Biobauern und Eier von glücklichen Hühnern.

Stellen Sie die Zutaten zusammen, bedanken Sie sich bei ihnen, dass sie Sie ernähren (Pflanzen tun das gern, bei Schweinen, Rindern und Hühnern könnten Sie jetzt angstvolles Kreischen hören. Da müssen Sie durch – oder Sie dürfen diese Tiere nicht mehr essen). Und während Sie sich jetzt an Ihr Rezept halten, denken Sie bei jeder Zutat an das, was sie zu Ihrem Wohlbefinden beiträgt. Die Zwiebel sorgt für eine reibungslose Verdauung, die Kartoffel steuert Vitamine und ein wunderbar erdendes Sättigungsgefühl bei, die rote und gelbe Paprika Vitamine und die Sonne, in der sie reifen durfte, das Salz bringt Ihnen Schutz und verbindet Sie mit den Kräften der Erde, der Majoran sorgt für gute Laune, und so weiter. Während Ihr Gericht kocht, stellen Sie sich vor, wie das Feuer es mit der Wärme und Energie auflädt, die es später an Sie abgibt, wenn Sie essen.

Nach diesem Verfahren können Sie nicht nur Wärme und Sättigung, Zuneigung und Lebensfreude ins Essen kochen, sondern auch Schutz vor Ihren eigenen Ängsten.

Rühren Sie beim Zubereiten von Nahrungsmitteln stets rechts herum, denn sie sollen ja etwas bewirken und nicht lösen. Das gilt auch für das Backen. Rühren Sie in den Geburtstagskuchen für Ihren Liebsten all Ihre Liebe und guten Wünsche hinein, würzen Sie Ihre Weihnachtskekse mit Wohlstand, Frohsinn und Gesundheit, und so fort.

Je nachdem, was an einem Tag auf Sie zukommt, können Sie sich mit der richtigen Mahlzeit darauf einstimmen. An trüben Wintertagen, an denen Sie Sonne brauchen, und an Tagen, an denen Ihre Kasse Ebbe signalisiert (oder Sie das befürchten), könnte ein Polentafrühstück das Richtige sein.

Frühstückspolenta

100 g Maisgrieß
1/4 l Wasser
1 Hand voll Rosinen (wer mag)
etwas Zimt
etwas Galgant
etwas Ingwer
1 TL Butter

Stellen Sie die Pfanne auf den Herd, geben Sie den Maisgrieß hinein und erhitzen Sie ihn ohne Fett, bis es in Ihrer Küche herrlich nach Popcorn riecht. Löschen Sie den Mais mit Wasser, lassen Sie alles einmal aufkochen und geben Sie die Rosinen und die Gewürze hinzu. Decken Sie die Pfanne zu, stellen Sie das Gas auf kleinste Flamme (beim Elektroherd können Sie nach dem Aufkochen abdrehen). Wenn Sie vom Duschen zurückkommen, ist der Mais bereits aufgequollen. Jetzt erhitzen Sie die Pfanne wieder, geben die Butter hinzu und braten alles gut durch.

Wenn Sie die duftende heiße Polenta essen, denken Sie an das Sonnenlicht, das Sie damit aufnehmen; wenn Ihnen Ihr Kontostand Sorgen macht, stellen Sie sich vor, wie sich das Gold auf Ihrem Konto ebenso vermehrt wie die goldene Polenta in der Pfanne. Lassen Sie sich von den Gewürzen die Seele durchwärmen und spüren Sie, wie sich Vertrauen und Zuversicht in Ihnen ausbreiten.

Auf analoge Weise können Sie auch mit Reis – der sich ja im Topf auch so wunderbar vermehrt – einen Zauber für Fülle und Wohlstand kochen.

Äpfel hatten schon immer etwas mit der Liebe zu tun, auch wenn die Sache mit Adam und Eva vermutlich an einem Granatapfelbaum spielte, dessen Frucht wegen ihrer zahlreichen Samen ein altes Fruchtbarkeitssymbol ist, während unsere Äpfel in vorchristlicher Zeit im Orient noch unbekannt waren.

Für einen kuscheligen Herbstabend nach einem Spaziergang in der Kälte gibt es nichts Schöneres als Bratäpfel mit Honig, Rosinen und Zimt. Der Zimt gleicht nicht nur die durch das warme, gegarte Apfelfleisch beschleunigte Verdauung wieder aus, er steht auch für Reichtum – vielleicht wegen seiner Ergiebigkeit – und wärmt die Seele.

Was im Herbst der Bratapfel, ist im Frühjahr die (Frankfurter) Grüne Soße. Sie kann uns magische Kraft und eine geballte Ladung Vitamine gegen alle Mangelerscheinungen mitgeben, falls wir nach dem Winter an solchen leiden sollten. Sie wird traditionell am Gründonnerstag gegessen, und es gibt fast ebenso viele Rezepte dafür wie Einwohner in Frankfurt.

Salz ist etwas ganz Besonderes – in der Küche wie im Leben. Es macht Speisen schmackhaft, Fleisch haltbar und konserviert damit Lebensenergie. Zu viel Salz ist hingegen tödlich. Es kommt aus der unterirdischen Welt der Dämonen (die es gern zurück hätten) und war im Mittelalter so kostbar, dass es mit Gold aufgewogen wurde.

Wenn Sie bei Tisch versehentlich Salz verstreuen, müssen Sie davon sogleich eine Prise über Ihre linke Schulter werfen und dazu dreimal leicht ausspucken, wie wenn Sie „Toi, toi, toi" mit feuchter Aussprache sagen würden. Damit können sich die Dämonen das Salz hinter Ihnen holen und turnen

Grüne Soße

Mindestens sieben Kräuter (insgesamt ca. 400 g)
Kresse, Petersilie, Schnittlauch, Kerbel, Sauerampfer, Borretsch, Pimpinelle, Zitronenmelisse, Liebstöckel, Dill, Thymian, Löwenzahn, Estragon, Oregano oder was immer Ihr Garten zu Ostern bereits hergibt
2 hart gekochte Eier
Salz, Pfeffer
1 Becher Joghurt (ca. 250 g)
1 Becher Crème fraîche (ca. 125 g)
250 g Magerquark

Die Kräuter und die Eier sehr fein hacken, salzen und pfeffern, mit dem Joghurt, der Crème fraîche und dem Quark vermischen und mindestens zwei Stunden ziehen lassen. Dazu gibt es Pellkartoffeln und hart gekochte Eier – vielleicht sind Ihnen ja beim Kochen fürs Färben ein paar aufgeplatzt?

nicht vor Ihnen herum, wo sie ungleich mehr Schaden anrichten können; mit dem Spucken bannen Sie sie zugleich an diese Stelle.

Salz umgibt uns mit einer magischen Grenze. Weiter als bis zum Salzrand kommen die Dämonen nicht (für Dämonen können Sie alles einsetzen, was Ihnen an Unheil, beunruhigenden Gedanken oder störenden Elementen einfällt). Diese Salzgrenze können Sie auch beim Kochen erzeugen, indem Sie das Salz, das Sie für eine Mahlzeit brauchen, nicht einfach in die Mitte des Topfes geben, sondern es entlang des inneren Topfrandes einstreuen. Stellen Sie sich dabei vor, wie es jeden, der von dieser Speise isst, ebenso mit seinem Schutz umgibt.

Wenn Sie etwas Kompliziertes zubereiten wollen (etwa Käsesoufflé für Gäste, die Sie unbedingt beeindrucken möchten), dann werfen Sie ein klein wenig Salz ins offene Feuer einer Gasflamme oder Kerze. Das verbrennt die Dämonen, die das Soufflé zusammenfallen lassen wollten, nun aber dem Salz hinterherspringen, gleich mit.

Nicht nur, was Sie essen, auch wie Sie es essen, hat magische Auswirkungen auf Ihr Wohlbefinden.

Ihren Gästen, aber auch Ihnen selbst und Ihrer Familie signalisiert ein schön gedeckter Tisch: Diese Mahlzeit ist etwas ganz Besonderes, das ich mit euch teilen möchte. Machen Sie aus einer Mahlzeit ein kleines Fest. Wenn Sie die Zeit dazu haben, kann das ruhig täglich sein.

Schon aus dem Decken des Tisches können Sie ein kleines Ritual machen: Entzünden Sie eine weiße Kerze für die Harmonie, die bei dieser Mahlzeit herrschen soll; dann stellen Sie sich vor, wer wo sitzt, und legen zugleich mit dem Besteck Zuneigung und einen guten Wunsch an seinen Platz.

Auch wenn Sie kleine Kinder und daher normalerweise keine weißen Tischtücher aufgelegt haben, können Sie die Mahlzeiten durch Rituale vom Rest des Tages abheben. Kinder lieben Rituale, weil sie ihnen mit ihrem gleichmäßigen Ablauf das Gefühl vermitteln, die Welt sei in Ordnung. Das Ritual muss gar nicht besonders aufwändig sein. Vielleicht spricht jemand am Tisch ein Tischgebet, vielleicht reichen Sie sich die Hände, es genügt aber auch, wenn Sie sich alle ansehen und sich „guten Appetit“ wünschen, ehe Sie zu essen beginnen.

Danken Sie auch demjenigen, der gekocht hat, für das gute Essen – natürlich auch sich selbst! Anerkennung ist eine ungeheuer wirksame Form der Motivation, auch der Selbstmotivation.

Auch das Geschirr und Besteck, von dem Sie essen, übt seine Wirkung aus. Pappteller und Plastikgabeln sind etwas anderes als Porzellanteller und Silberbesteck – und wenn es nur versilbert ist. Als ordentliche Hexe sollten Sie das Silber, das Sie von Ihrer Großmutter geerbt haben, auch verwenden. Es ist eines der zauberkräftigsten Metalle von allen und dem Mond zugeordnet. Es ist unempfindlich gegen fremden Zauber, Krankheitskeime und schützt vor Vampiren. Und man kann sich wunderbar vorstellen, wie es die Kraft des Mondes, der für das Wachsen und Gedeihen alles Lebendigen zuständig ist, auf denjenigen überträgt, der von ihm isst.

Mehr als eine Grünanlage: Der Garten

Ihr Garten ist wie ein Ausschnitt aus der Natur, der Ihnen zur persönlichen Gestaltung und Pflege zur Verfügung steht. Die Bepflanzung sollten Sie daher nicht einfach einem Gärtner überlassen: Ihr Garten ist Teil Ihres Lebensbereichs. Er kann Ihnen Kraft und Schutz geben – indem Sie sich darin aufhalten, aber auch durch die Pflanzen, die darin wachsen.

Der erste Schritt sollte auch hier Ihre Sicherheit sein. Sorgen Sie zunächst unmissverständlich für klare Fronten. Sie sind mit einem gut aussehenden Mann verheiratet, und Ihre frisch geschiedene Nachbarin liegt in letzter Zeit auffällig oft in ihrem superknappen Bikini in ihrem Garten? Ihre beste Freundin macht Ihrem Mann ein wenig zu oft schöne Augen? Umgeben Sie Ihren Garten mit einer Grenze, die es in sich hat: Ziehen Sie eine Spur Ihres eigenen Blutes. Keine Angst, Sie brauchen sich dafür nicht einen Finger abzuhacken oder sonst eine größere Wunde zuzufügen. Der Zauber funktioniert auch, wenn die Blutkonzentration sehr gering ist. Als Frau wird Ihnen hier sicher etwas einfallen.

Sie können auch eine Salzspur rings um Ihren Garten streuen – die wird aber leider auch etliche Pflanzen daran hindern, diese Grenze zu bewachsen. Sollten Sie als Schutz für Ihren Grund und Boden das regelmäßige Umschreiten wählen, das ebenfalls sehr wirksam ist, kann Ihnen die durch das Salz erzeugte kahle Spur aber vielleicht helfen, Ihren Grenzpfad leichter wiederzufinden.

Kommen Sie länger nicht dazu, diesen Schutz zu erneuern, so hilft Ihnen vielleicht das folgende Ritual: Zünden Sie zwei weiße Kerzen an und stellen Sie sich vor, dass sich das Licht der Kerzen ausdehnt, bis es Ihren ganzen Garten umfasst. Stellen Sie sich Ihren blühenden, grünenden Garten in einem Kranz aus weißem Licht vor, den keine störende Energie durchdringen kann. Halten Sie dieses Bild fest, atmen Sie es ein und spüren Sie diesen Schutz. Bedanken Sie sich dann. Löschen Sie diese Kerzen auf keinen Fall durch Ausblasen, sonst würden Sie den Lichtkranz wieder wegblasen.

Einige der Pflanzen, die in jeden ordentlichen Hexengarten gehören, haben Sie schon kennen gelernt. Es sind die gleichen, die Sie auch an Ihre Haustür hängen (oder zum Kochen verwenden): Beifuß, Borretsch, Dill, Eberesche, Eisenkraut, Estragon, Farne, Holunder, Immergrün, Kerbel, Knoblauch, Kresse, Lavendel, Liebstöckel, Lilien, Löwenzahn, Lorbeer, Majoran, Oregano, Petersilie, Pimpinelle, Rosmarin, Sauerampfer, Schnittlauch, Thymian und Zitronenmelisse.

All diese Pflanzen bewirken etwas und helfen Ihnen, Ihr Leben selbst in die Hand zu nehmen. Einige Beispiele: Farnkraut schützt Ihre Äpfel vor Fäulnis, Kresse, Löwenzahn, Minze und andere Frühlingskräuter Ihre Zähne. Lorbeer erweitert Ihren Horizont, Immergrün und Rosmarin Ihr Gedächtnis. Kamille und Eisenkraut schützen Sie vor Ihren Ängsten, Ebereschen vor Hexenzauber und Ihr Haus vor Blitzschlag – ganz abgesehen davon, dass ihre Beeren im Winter wertvolles Vogelfutter darstellen. Holunder, die lebendige Apotheke des Bauern, vor der man den Hut ziehen sollte, schützt vor Erkältungen, dient als Abführ- und Brechmittel, wirkt gegen Fieber, gegen Blasenentzündung und zur Blutreinigung – je nachdem, welchen Teil Sie nehmen und wie Sie ihn anwenden.

Unbedingt sollten Sie auch eine Heckenrose vor Ihrem Haus anpflanzen. Sie sieht nicht nur zauberhaft aus, sie ist es auch. Ihre Früchte, als Hagebuttentee genossen, wehren so manche Erkältung ab, ihre Stacheln bösen Zauber.

Weitere Bäume, mit denen Sie sich anfreunden sollten, sind der Haselstrauch, der Walnussbaum (nicht nur, weil der Sud aus grünen Walnussschalen ganz wunderbar hilft, graue Haare abzudecken – mehrmals auftupfen, immer wieder trocknen lassen und gleich nochmal anwenden) und die Weide. Sie können sich aber auch Ihre ganz persönliche Hasel, Walnuss und Weide in der „freien Wildbahn“ suchen.

Die Hasel ist ein heiliger Strauch, aus dem Sie eine Wünschelrute, einen Flitzebogen oder einen Wanderstab schneiden können, der Sie vor Fehltritten schützt. Aber Achtung, nicht vergessen: Bedanken Sie sich bei der Pflanze und schenken Sie ihr vielleicht einen kleinen Edelstein oder etwas Dünger. Der Haselstrauch markiert traditionell Grenzen und ist vor Blitz und Feuer gefeit. Seine Früchte, die Haselnüsse, sind ein Symbol der Liebe – und der Fruchtbarkeit.

Der Walnussbaum hat ganz ähnliche Eigenschaften, auch seine Früchte können Sie gut für ein Fruchtbarkeitsamulett verwenden – es muss ja nicht die Fruchtbarkeit des Schoßes sein – oder essen. Gerade wegen der Ähnlichkeit der Walnüsse mit dem menschlichen Großhirn eignen sich Walnüsse ausgezeichnet zur Ankurbelung der Gehirntätigkeit auf der analogen Ebene.

Eine Weide wiederum sollten Sie unbedingt in Ihrer Umgebung haben, allein schon wegen der Salicylsäure in ihrer Rinde. Tragen Sie immer ein paar Weidenstückchen in der Tasche, dann sind Sie vor Verhexung gefeit (die moderne Großstadthexe hat stattdessen ihr Aspirin eingesteckt). Doch auch beim Trockenlegen von Mauern hilft Ihnen eine Weide gern:

Sie schlägt leicht Wurzeln, und Sie sollten sie daher mühelos dazu bringen, sich in der Nähe Ihrer feuchten Hauswand anzusiedeln. Ihre Kätzchen sind im Frühjahr oft die erste Nahrung für Bienen, und diese wiederum symbolisieren Fleiß und Wohlstand.

Alle Pflanzen mögen es, wenn Sie ihnen Ihre Zuneigung zeigen. Ihre Obstbäume sollten Sie von Zeit zu Zeit liebkosen, dann tragen sie reichlich, und während der Weihnachtsbäckerei sollten Sie einmal mit den mehligen Händen hinausgehen und Ihre Obstbäume umarmen. Sie übertragen ihnen damit etwas von der Fülle und dem Segen des Weihnachtsfestes, oder – wenn Sie es weniger christlich wollen – Sie teilen ihnen damit mit, dass es wieder heller wird und die neue Wachstumsperiode bevorsteht.

Die Außenwelt: Arbeit und Beruf

Ihre eigene Person und Ihr Zuhause können Sie ja recht leicht schützen – schwierig wird es, wenn Sie diesen geschützten Bereich verlassen. Dann stürzt eine ganze Flut von Anfechtungen, Gefahren, Bedrohungen und vielleicht auch Ängsten auf Sie ein, und es heißt, auf der Hut zu sein.

Der wichtigste Tipp vorweg: Der erste Eindruck ist meist richtig. Hören Sie also auf Ihre innere Stimme und handeln Sie entsprechend. Grundlegende Schutzmittel für Ihre Person kennen Sie nun ja schon.

Über Ihr Haus oder Ihre Wohnung stülpen Sie am besten eine gedachte goldene Glocke, wenn Sie aus dem Haus gehen. Dann können Sie (fast) sicher sein, dass Ihr Zuhause unter dem besten nur denkbaren Schutz steht. Beim ersten Mal wird es Ihnen vielleicht komisch vorkommen und ein wenig länger dauern, bis Sie die goldene Glocke ganz sicher vor Ihrem geistigen Auge haben und über Ihr Haus herabsenken, doch mit der Zeit wird das reine Routine. Wenn sie einmal partout nicht herunterkommen will, gehen Sie zurück und schauen Sie, ob nicht noch irgendwo eine Kerze brennt.

Geschützt in den Tag: Der Arbeitsweg

Wenn Sie sich mit öffentlichen Verkehrsmitteln bewegen, haben Sie es gut: Sie stellen sich an die Haltestelle, erzeugen beim Einsteigen das Bild, wie Sie sicher an Ihr Ziel gelangen, und schon können Sie sich entspannen und in Gedanken das Zuhause loslassen und sich auf Ihre Arbeit einstellen. Auf dem Rückweg stellen Sie sich vielleicht geistig unter die Sonnendusche (Seite 59) und kommen so entspannt zu Hause an.

Wenn Sie mit dem eigenen Auto fahren, müssen Sie mehr Aufwand treiben, um sicher an Ihr Ziel zu gelangen. Die folgende, nicht erfundene Amulett-Armada fand sich in einem einzigen maltesischen Linienbus und kann Ihnen Anregungen geben. Der Fahrer, ein junger Mann, hatte in seinem „Auto" sieben Duftbäume versammelt, eine CD ohne Hülle, einen Rosenkranz, ein Freundschaftsarmband, ein Goldkettchen mit Anhänger, ein Bild von Jesus, der auf dem Wasser wandelt, eine Comic-Figur, die Wimpel mehrerer Automarken und ein Handtuch mit zwei Augen, die allein bereits unheilabweisend genug wären, in diesem Fall aber noch durch den ermunternden Text „No Fear" unterstützt wurden.

Damit haben Sie nichts am Hut? Dann sind Sie die Ausnahme. Die meisten Autos sind irgendwie mit Glücksbringern ausgestattet. Oft wird einfach die Macht des heiligen Christophorus beschworen, Sie genauso sicher durch den Verkehrsstrom zu bringen, wie er das Jesuskind durch den Fluss getragen hat – in vielen Autos hängt sein Bild am Rückspiegel. Manchmal ist es in aparter Gesellschaft – achten Sie einmal darauf.

Spleens und kleine Tricks: Bürozauber

Gerade im Büro finden sich Beispiele für angewandte Magie, die uns gar nicht als solche bewusst ist. Nehmen Sie einen durchschnittlichen Büroschreibtisch. Irgendwo steht das Foto des Partners oder der Kinder, daneben liegt vielleicht ein kugelförmiger gläserner Briefbeschwerer, irgendwo wartet der „besondere" Stift auf seinen Einsatz, in der Schreibtischschublade liegt die Schachtel Aspirin – seit sie dort liegt, haben Sie im Büro nämlich keine Kopfschmerzen mehr.

Was das mit Magie zu tun hat? Eine ganze Menge:

- Das Foto Ihrer Lieben schenkt Ihnen Schutz, weil Ihnen nämlich jedes Mal ganz warm ums Herz wird, wenn Sie sie ansehen – und was ist ein besserer Schutz als Liebe und ein warmes Lächeln? Gegen diese Energie kommen nervende Kunden und hektische Mitarbeiter einfach nicht an.
- Die kleine Glaskugel verschafft Ihnen den Überblick über den ganzen Raum und hilft Ihnen dadurch, sich wohl zu fühlen, auch wenn Sie Kollegen oder eine Tür im Rücken haben. Hier trifft sich übrigens unser magisches Empfinden mit der Weisheit des Feng Shui.
- Der Stift sorgt durch seine Besonderheit dafür, dass die Dinge, die Sie damit unterschreiben, als etwas Besonderes betrachtet und wichtig genommen werden; er verleiht ihnen eine andere Wertigkeit als etwa Ihrem Einkaufszettel.
- Die Packung Aspirin verhindert nach der kausalen Logik gar nichts, aber auf der magischen Ebene das gleiche wie die Weidenstückchen in der Tasche – schließlich haben Sie ja keine Kopfschmerzen mehr, seit sie im Schreibtisch liegt.

Das alles funktioniert wunderbar, weil Sie diese Accessoires – vielleicht auch ganz unbewusst – darum gebeten haben, Ihnen durch den Büroalltag zu helfen. Damit das so bleibt, sollten Sie sie ein wenig pflegen und ab und zu mit frischer Energie aufladen. Die Glaskugel könnten Sie von Zeit zu Zeit unter klarem Wasser reinigen. Dabei befreien Sie sie auch von all dem, was sie bislang für Sie aufgefangen, gespiegelt und wiedergegeben hat. Das Foto sollten Sie ebenfalls regelmäßig entstauben – am besten am Montagmorgen, denn dabei können Sie gleich die Erinnerung an das vergangene, harmonische Wochenende hineinlächeln – und diese Energie kommt jedesmal zurück, wenn Sie das Foto anschauen.

Pflanzen

Pflanzen dienen der Erdung und verhindern, dass wir den Boden unter den Füßen verlieren. Sie geben uns Ruhe und Stärke und vermitteln eine ruhige, kraftvolle Lebensfreude. Diese Qualitäten können Ihnen während Ihres Tagewerks eine große Hilfe sein.

Grünlilien, die Sie auch als Raumteiler aufhängen können, befreien Ihre Raumluft erwiesenermaßen von Schadstoffen. Besser wäre es jedoch, Sie hätten genug Platz für große Topfpflanzen als Raumteiler. Stellen Sie beispielsweise eine ausladende Monstera erhöht auf einen Schemel und trennen Sie damit zwei Arbeitsbereiche voneinander.

Auch ein Geldbäumchen in einem nachtblauen Topf sollte an keinem Arbeitsplatz fehlen. Es symbolisiert Ihr Einkommen und wächst mit diesem. Pflegen Sie das Bäumchen also liebevoll, versorgen Sie es mit viel Licht (es überlebt auch ohne direkte Sonne) und gießen Sie es ab und zu – am besten, wenn der Mond in einem Wasserzeichen steht. Gut steht es im Eingangsbereich Ihres Büros, der gewissermaßen Ihr Aushängeschild ist und für Sie wirbt, insbesondere, wenn dieser Bereich im Norden liegt.

Im Büro kommen Kakteenliebhaber endlich zum Zuge: Während die aggressive Energie der stacheligen Kakteen an den meisten Plätzen eher stört, macht sie sich direkt neben dem Röhrenbildschirm Ihres Computers sehr gut: Ihre Stacheln zerstreuen nämlich schlechte Schwingungen.

Düfte für den Arbeitstag

An trüben Tagen heben ein paar Tropfen Bergamotte-Öl augenblicklich die Stimmung. Ihre Kollegen werden entspannter, schenken einander ein aufmunterndes Lächeln, und auch Sie werden sich im Büro wieder wohl fühlen. Oder versuchen

Sie es mit Zitronenmelisse. Der Geruch entkrampft, gibt Lebensmut und kräftigt.

Weitere empfehlenswerte Öle für den Arbeitsplatz sind Orange, Zitrone, Geranie, Lemongrass, Neroli, Eisenkraut, Jasmin und Minze. Das Lemongrass erhöht Ihre Konzentrationsfähigkeit und führt dazu, dass Sie bei der Arbeit am Computer weniger Fehler machen.

„Frau Nachbarin, Ihr Fläschchen ...", hauchte Gretchen, ehe sie in Ohnmacht sank. Doch was drin war, im Fläschchen der Nachbarin, ist nicht überliefert. Probieren Sie es einmal mit folgender Duftmischung; sie bringt jede Business-Lady im Nu wieder auf die Beine und wäre daher auch für Ihr Handtäschchen ideal:

Riechöl für alle Fälle

knapp 30 ml Weingeist (96 Vol.-%)
5 Tropfen Ingwer
10 Tropfen Bergamotte
10 Tropfen Geranie

Den Weingeist und die Öle füllen Sie in ein 30-ml-Tropffläschchen und schütteln einmal alles gut durch.

Steine

Edelsteine und ihre Kraft können Sie natürlich auch am Arbeitsplatz einsetzen. Wenn Sie dem Unverständnis Ihrer Kollegen entgehen wollen, räumen Sie lieber kein eigenes Regalfach für Ihre Steine frei, sondern verteilen Sie sie an sinnvollen Stellen in Ihrem Büro. Wenn Sie der Energie eines Steines ganz besonders bedürfen, legen Sie ihn dicht neben sich oder tragen Sie ihn direkt am Körper. Ihre Lieblingsstücke sollten Sie ohnehin immer in der Handtasche haben.

Eine gute Grundausstattung fürs Büro sind Bergkristall, Türkis, Rosenquarz, Aventurin und Amethyst. Wenn Sie viele Routinearbeiten zu erledigen haben, sollte auch ein Mookait zu Ihren Bürosteinen gehören.

- Bergkristalle haben den Vorteil, dass Sie sie für die verschiedensten Situationen um Hilfe bitten können. Wählen Sie das schönste und klarste Exemplar aus, das Sie finden können. Es sollte noch in Ihre Handfläche passen, damit Sie es unauffällig bei sich tragen können, wenn Sie zu einem unangenehmen Gespräch bei Ihrem Chef müssen. Ein Bergkristall schenkt Ihnen Klarheit. Er absorbiert auch schädliche Stoffe in Räumen. Muten Sie Ihrem Bergkristall aber niemals zuviel zu, sondern denken Sie an die regelmäßige Reinigung (siehe Seite 31).
- Der Türkis weckt Ihre schlummernden Talente, setzt kreative Energien frei und löst Blockaden.
- Der Rosenquarz soll die elektromagnetischen Schwingungen Ihres Computerbildschirms unschädlich machen. Nebenbei schenkt er Ihnen Vertrauen, Freude und Zuversicht.
- Der orangefarbene Aventurin hilft Ihnen, besser mit Ihrem Ehrgeiz zurechtzukommen und den goldenen Mittelweg zwischen krankhaftem Erfolgsstreben und dem Wunsch nach gesunder Entfaltung und Wachstum zu finden.
- Der Amethystquarz hilft, Prioritäten zu setzen. Unter seinem Einfluß verzetteln wir uns weniger in Nebensächlichkeiten und erkennen unsere wesentlichen Aufgaben.

Lust statt Frust: Die tägliche Arbeit

Wenn zu Ihrem Job viele Routinearbeiten gehören, schreiben Sie sie auf – auf ein Blatt, das Sie so oft kopieren, wie die Arbeiten anfallen, sodass Sie dann täglich zusätzliche Arbeiten dazuschreiben können. Oder legen Sie eine Art Tabelle an, die hinter jeder Aufgabe ein Kästchen für den Haken vorsieht, wenn diese Aufgabe erledigt wurde. Sie glauben gar nicht, welche Freude Sie sich selbst machen, wenn Sie jedes Mal abhaken und sich nach einiger Zeit ehrlich loben können, weil Sie heute schon viel geschafft haben. Tun Sie es!

Gerade Routinearbeiten, die Sie wie im Schlaf erledigen können, könnten Sie tatsächlich wie im Schlaf erledigen. Atmen Sie ein paarmal tief durch, lassen Sie die Welt um sich herum versinken und tauchen Sie ein in Ihre Arbeit. Wenn Ihnen Ihre Kollegen in dieser Zeit das Telefon abnehmen, haben Sie nach einer Stunde mehr geschafft als an einem normalen halben Tag und sind anschließend geistig erfrischt und fit. Klar, dass Sie sich danach revanchieren, oder?

Wenn Sie merken, dass Sie immer weniger Freude bei Ihrer Arbeit verspüren, obwohl sich an der Arbeit selbst nichts verändert hat, haben Sie zwei Möglichkeiten: Sie können jammern und die innere Kündigung aussprechen oder Sie können gegensteuern. Dazu fangen Sie dort an, wo das Problem sitzt: bei Ihnen selbst.

Trinken Sie spätestens zu jeder vollen Stunde einen großen Becher Tee. Jasmintee und Johanniskrauttee heben die Stimmung und helfen aus kleinen, Johanniskraut sogar aus größeren Tiefs heraus, regelmäßige Anwendung vorausgesetzt. Stellen Sie auf Ihren Schreibtisch auch eine Schale Obst, von dem Sie, statt zur Zigarette oder zum Müsliriegel zu greifen, jederzeit naschen können. Das bringt Sie durch jeden tristen Winter und auch durch die folgende Frühjahrsmüdigkeit.

Greifen Sie jetzt auch zu einem besonderen Stein: Ein Mookait wird Ihnen helfen, auch die kleinen lästigen Alltagspflichten freudig oder doch zumindest ohne Frust zu erledigen.

Bruch mit der Routine: Unvorhergesehenes

Sicher kennen Sie das auch. Da haben Sie sich den Tag so schön eingeteilt, und dann kommt irgend etwas dazwischen, das Ihre Planung vollkommen umwirft. Sie können in dieser Situation verzweifeln oder sich freuen – es liegt bei Ihnen. Objektiv ändern werden Sie die Situation allein durch Ihre Reaktion nicht.

Lautet nicht eine der Regeln zur Wunscherfüllung: Seien Sie offen für Unvorhergesehenes? Hier kommt Ihre Chance. Begrüßen Sie den „Störenfried", danken Sie ihm für die Abwechslung, die er in Ihre Routine bringt, und freunden Sie sich mit ihm an. Lernen Sie ihn kennen: seine Herkunft, seine Dringlichkeit, sein wahres Gesicht. Wenn Sie wissen, was dahinter steckt, wie eilig er wirklich ist, wer ihn zu welchem Zweck benötigt, kann sich ein anfänglicher Störenfried als alter Bekannter – als Abwandlung einer Routinearbeit, die Sie mit links erledigen – oder als echte Bereicherung Ihres Aufgabenbereichs – genau das war das Thema Ihres Fortbildungsseminars vom vorigen Sommer – entpuppen. Der Störenfried wird zwar vielleicht immer noch Ihre Planung über den Haufen werfen, aber dies macht Ihnen bei einer positiven Einstellung ihm gegenüber nicht so viel aus, wie wenn Sie sich diesen Zugang durch Mauern von Anfang an verbaut hätten.

Handelt es sich bei dem Störenfried um einen realen Besucher, so bieten Sie ihm auf jeden Fall etwas zu trinken an, auch wenn Sie noch so wenig Zeit haben. Auch wenn er keinen Kaffee, sondern nur ein Glas Wasser möchte, kann dieses Ritual – man trinkt ja, auch wenn man nicht unbedingt durstig ist – Ihnen helfen, ein Vertrauensverhältnis aufzubauen. Schließlich ist er bereit, etwas zu schlucken, was Sie ihm vorsetzen. Und Ihnen gibt es Zeit, die Arbeit geordnet zur Seite zu legen, bei der Sie gerade unterbrochen wurden.

Balanceakt zwischen Nähe und Distanz: Die lieben Kollegen

In allen Unternehmen ist es sehr wichtig, wie man miteinander umgeht. Die Firmenkultur, die solche Dinge regelt, ist nirgendwo festgeschrieben, hat aber erheblichen Einfluss darauf, ob wir uns am Arbeitsplatz wohlfühlen oder nicht. Wenn Sie einige Spielregeln beachten, haben Sie bald eine Schar von Mitspielern und loyalen Kollegen an Ihrer Seite, die für Sie durchs Feuer gehen würden.

Wenn Sie des Morgens ins Büro kommen, ist es nicht gleichgültig, ob Sie den Anwesenden zur Begrüßung die Hand geben oder nur ein mehr oder minder freundliches „Guten Morgen" von sich hören lassen. Berührungen schaffen Verbindung und signalisieren friedliche Absichten.

Wenn Sie nicht sicher sind, ob Sie mit einem Kollegen im gleichen Raum gut zusammenarbeiten können, kann Ihnen folgender Test helfen: Setzen Sie sich im Geiste unter eine gläserne Schutzglocke, änlich der goldenen, die Sie über Ihr Haus stülpen, wenn Sie es verlassen. Setzen Sie den Kollegen vor Ihrem geistigen Auge unter eine ebensolche Glocke. Und nun spüren Sie hin, wie sich das anfühlt, wenn sich die beiden Glocken einander annähern. Stoßen sie mit hartem Geklirr aneinander? Dehnt sich eine Glocke aus und schluckt die andere? Oder verschmelzen sie friedlich miteinander? Die Glocken zeigen Ihnen, wie es in Ihrer unbewussten Wahrnehmung um Ihr Verhältnis zu diesem Kollegen bestellt ist, und helfen Ihnen, Ihre Zusammenarbeit bewusst zu gestalten.

Steine können Ihnen ebenfalls helfen. Der Azurit-Malachit etwa schafft ein Gefühl der Zusammengehörigkeit und signalisiert Wachstum. Nutzen Sie diese Qualitäten in einem Raum, den Sie mit anderen teilen, oder auch bei Besprechungen. Ein rund geschliffener Stein symbolisiert überdies auch noch durch seine Form Einheit.

Obgleich wir mittlerweile, mobil mit Laptop und Handy, prinzipiell allerorten Geschäfte machen und kreativ sein können, brauchen doch die meisten Menschen einen festen Platz, an dem sie geerdet, konzentriert und ungestört arbeiten können. Wenn Sie einen Raum mit anderen teilen, beginnt das Spiel zwischen Nähe und Distanz auf der sichtbaren Ebene. Befruchtender Austausch sollte jederzeit möglich sein, zugleich brauchen Sie aber Raum, um sich zurückzuziehen.

Wenden Sie einander nach Möglichkeit nicht den Rücken zu – dann können Sie einander auch nicht in den Rücken fallen. Wenn jeder mit dem Rücken zu einer Wand sitzt, fühlen sich alle sicher.

Jeder sollte die Möglichkeit haben, seinen Arbeitsplatz mit Bildern, Farben und persönlichen Gegenständen zu gestalten, die ihm Kraft und Schutz geben. Diese sollten jedoch so hängen, dass ihr Besitzer selbst sie sehen kann – den Kollegen im Raum helfen sie wenig.

Ist Ihr Büro nicht sehr hell, weil es nach Norden oder in einen Innenhof weist, so benötigen Sie gutes Licht, um wach und fit zu sein. Sie können sich jedoch auch mit Farben helfen: Bürosessel mit leuchtend rotem Bezug übertragen den Schwung und die Einsatzbereitschaft der Marsenergie auf ihre Benutzer und können Ihnen helfen, sich zu Höchstleistungen aufzuschwingen.

Nehmen Sie Ihren Platz ein. Wenn Sie eine Besprechung einberufen haben, setzen Sie sich an das Kopfende des Tisches und signalisieren Sie: Ich bin dafür verantwortlich, dass Sie alle jetzt hier sitzen müssen. Ich habe ein Anliegen und stehe dazu. Das ist eine zwar nonverbale, aber offene Kommunikation, und jeder wird es respektieren.

Wollen Sie eine Besprechung kurz halten, so gibt es drei Tricks, die Ihnen die Sympathie aller einbringen werden, die dasselbe Ziel haben: Setzen Sie sie relativ kurz vor der Mittagspause an, setzen Sie sie kurz vor Feierabend an oder lassen Sie sie im Stehen stattfinden.

Anerkennung und Dank hören wir alle immer gern, bekommen aber beides leider viel zu selten. Das können Sie ändern. Werden Sie aktiv.

Backen Sie Ihren Kollegen doch dann und wann ein paar Plätzchen oder einen Kuchen. Würzen Sie ihn mit Nelken, Vanille, Muskat, Zimt und Orangenschalen und rühren Sie rechtsherum all die Wärme, Freundschaft und Dankbarkeit hinein, mit der Sie an Ihre Kollegen denken. Stellen Sie das Backwerk an einen zentralen Platz für alle und legen Sie einen eindeutigen Zettel dazu: „Danke für eure Kooperation! Lasst es euch schmecken! Eure Gabi". – Auch eine Packung Lebkuchen kann mit all diesen wundertätigen Gewürzen aufwarten. Während Sie den Inhalt auf einer schönen Serviette oder einem Teller anrichten, schicken Sie Ihre Zuneigung und Dankbarkeit hinein und stellen Sie sich vor, wie jeder Kollege anfängt zu lächeln, wenn er davon isst.

Oder Sie laden all die Menschen, die in Ihrem Leben unentbehrlich sind, zu Kaffee und Kuchen ein. Vielleicht an einem Wochenende in der Vorweihnachtszeit? Bitten Sie jeden zu kommen, der mit Ihnen in irgendeiner Form zusammenarbeitet und es möglich macht, dass Ihr Leben so reibungslos funktioniert, wie es das hoffentlich tut. Das Kindermädchen, Ihre Kollegen, Ihre Freunde, die nette Frau aus der Reinigung und den Nachbarn, der immer Ihre Pakete annimmt. Es wird bestimmt ein vergnüglicher Nachmittag, und danach wird das Zusammenspiel noch problemloser vonstatten gehen. Vielleicht auch nur, weil eine Kollegin ihr Kind von nun an auch zu Ihrer Kinderfrau gibt und Sie sich das Hinbringen und Abholen der Kinder künftig teilen.

Darüber spricht man nicht: Mobbing

Ganz gleich ob in der Schule, in der Weltpolitik oder im Büro, immer scheinen wir irgendeinen Kanal für unterschwellige Aggressionen zu benötigen – jemanden, der an allem Schuld ist, auf den wir schimpfen oder über den wir einfach nur herziehen und lästern können. Oft ist es der Letzte, der zu einer Runde hinzugestoßen ist und die etablierte Gemeinschaft zunächst zu stören scheint.

Wenn Sie bemerken, dass sich so etwas in Ihrem Umkreis gegen einen Außenseiter zusammenbraut, nennen Sie den Mechanismus beim Namen und gebieten Sie ihm offen Einhalt. Sie werden staunen, wie erfolgreich Sie damit sind, wenn Sie es geschickt, liebevoll und mit Witz anstellen.

Sind Sie selbst hingegen der Betroffene, so ist Ihnen dieser Weg in der Regel zunächst verwehrt. Sie sind deshalb jedoch nicht hilflos. Machen Sie zu Hause ein Ritual mit einer lila Kerze für Veränderung. Zünden Sie die Kerze an und denken Sie an Ihre Kollegen, die Sie mobben. Stellen Sie sich nun vor, wie Sie Ihr Büroleben gern gestalten würden, wie das Gerede, die spitzen Bemerkungen der Kollegen an Ihnen abprallen; wie Sie mit den Kollegen so umgehen, wie Sie das eigentlich möchten, mit ihnen gemeinsam lachen oder über Belanglosigkeiten schwatzen. Schicken Sie diesen Wunsch nach Veränderung Ihrer Rolle im Büro mit dem Kerzenlicht ab und stellen Sie sich vor, wie das Licht der Kerze wächst und sich ausdehnt und schließlich Ihr ganzes Büro erfüllt.

Löschen Sie die Kerze behutsam (nicht ausblasen!) und nehmen Sie sie mit ins Büro. Dort entzünden Sie sie wieder und lassen sie abbrennen.

Wenn Sie tatsächlich einen Kollegen loswerden wollen, brauchen Sie gar kein Mobbing. Ein einfaches Bild kann Ihnen dabei helfen, das Ergebnis auf viel elegantere Weise zu erreichen: Stellen Sie sich vor, wie dieser Kollege immer kleiner wird und schließlich am Horizont verschwindet.

Wenn Sie ganz sicher gehen wollen, schicken Sie diesem Bild den Satz „… wenn es denn sein darf" hinterher – damit es Ihnen nicht morgen genauso geht. Sein Ausscheiden aus Ihrem Team muss ihm noch nicht einmal schaden; es kann für ihn ja auch mit einem Karrieresprung verbunden sein.

Wenn der Computer Faxen macht

Der Computer und seine immer weiter ausufernde Peripherie sind potentielle Störfaktoren für Ihren Seelenfrieden. Mittlerweile verbringen immer mehr Menschen immer mehr Zeit vor ihrem PC und sind ihm zumindest zeitlich und räumlich oft näher als ihrem Lebenspartner und ihrer Familie.

Dieser Umstand sollte Grund genug sein, sich um eine harmonische Beziehung zu bemühen. Wie in jeder Partnerschaft müssen Sie „den anderen" auch hier nicht vollkommen und immer verstehen. Computer sind wie Frauen – sie wollen geliebt werden und agieren manchmal scheinbar unlogisch. Respektieren Sie ihre Andersartigkeit und freuen Sie sich an jeder schönen Stunde, die Ihnen gemeinsam geschenkt ist. Konsultieren Sie bei schweren und anhaltenden Unstimmigkeiten einen Dritten, der in der Lage ist, die Situation emotionsloser zu beurteilen als Sie selbst, und verstricken Sie sich nicht in einem einsamen Kampf. Lassen Sie los, wenn die Zeit reif ist und Ihr Computer und Sie Ihre Bedürfnisse nicht mehr zu befriedigen im Stande sind.

So weit muss es aber gar nicht erst kommen. Nehmen Sie Erfolge und reibungsloses Arbeiten niemals als Selbstverständlichkeit hin – das nimmt Ihr Computer möglicherweise übel. Loben Sie sich und Ihr wertvolles Stück ausgiebig nach jeder vollbrachten Tat und gönnen Sie ihm eine Belohnung: Säubern Sie sein Äußeres regelmäßig und reinigen Sie auch die Festplatte von Altem und Überflüssigem.

Wenn Ihr Computer gerade zum dritten Mal abstürzt und damit die Arbeit von Stunden zunichte gemacht hat, schalten Sie ihn für mindestens 20 Minuten ganz aus. Lassen Sie sich unter keinen Umständen auf hitzige Diskussionen ein – Sie werden mittlerweile wissen, dass in solchen Situationen nicht mit ihm zu reden ist. Auch Tränenausbrüche und wütende Drohungen beeindrucken ihn in der Regel nicht sonderlich. Bleiben Sie ruhig, träufeln Sie Zitronenmelisse-Öl in Ihre Duftlampe und machen Sie sich einen schönen Tee. Schauen Sie ein bisschen zum Fenster hinaus. Wenn Puls und Atmung wieder normal sind, kehren Sie an Ihren Schreibtisch zurück. Benetzen Sie Ihren linken Zeigefinger mit Speichel und malen Sie folgende drei Runen auf den noch ausgeschalteten Computerbildschirm.

ᚨ Ansuz ist dem Element Luft zugeordnet und steht für den Geist und schöpferische Eingebungen.
ᛋ Sowelo steht für die Sonne, für deren Lebenskraft und für Heilung.
ᛉ Algiz ist die Schutzrune. Ihr Bild erinnert an das Geweih des Elches.*

Natürlich malen Sie die Runen nicht einfach, sondern visualisieren beim Malen bei Ansuz, wie sich der frische Wind in Ihrem Computer breit macht und alle störenden Staubkörner beseitigt, und wie er sich in Ihrem Kopf ausbreitet und für

* Vgl. Zsuzsanna Budapest: *Die Göttin im Büro,* München 1994, Seite 80.

schöpferische Ideen sorgt. Bei Sowelo sehen Sie förmlich die Sonne über Ihrem Schreibtisch aufgehen und alles wieder gut machen, und bei Algiz spüren Sie, wie Sie, vor weiteren Abstürzen dieser Art gefeit, Ihre Arbeit ungestört zu Ende bringen.

Heikles Thema: Gehaltserhöhung

Gehaltserhöhungen „verdient" man sich bereits Monate vor dem Termin. Wenn Ihnen das klar ist, können Sie auf magische Weise Ihre Vorbereitungen treffen. Kommt Ihre Chefin mit blutendem Finger zu Ihnen und bittet Sie, ihr ein Pflaster zu organisieren, so kann es einer Gehaltserhöhung nicht förderlich sein, wenn Sie ihr nun erklären, wo sie es sich selbst holen kann.

Die Magie der guten Laune, der Zauber der Kooperationsbereitschaft, die Kraft des Lachens, das zum Mitlachen einlädt, sind Ihre wichtigsten „Waffen", die Sie stets zum Wohle aller einsetzen können – und sie erlauben Ihnen, ganz unverblümt anderen die Zähne zu zeigen.

Wenn Sie zusätzlich die Aura des Geldes, des Reichtums, der finanziellen Anerkennung um sich herum stärken wollen, können Sie sich als Talisman einen kleinen Beutel aus schwarzem oder nachtblauem Stoff nähen und ihn nah am Körper tragen. Geben Sie Minze und Basilikum hinein – beide stehen für Wohlstand und Schutz – und Thymian, den Kraftspender bei schwierigen Aufgaben. Ist Ihnen das zu viel des Guten, so halten Sie Basilikum doch auf dem Fensterbrett im Büro. So können Sie sich in der Mittagspause immer mit frischem, aromatischem Grün versorgen, es auf einem Butterbrot verzehren oder ein Blatt zur Stunde der großen Mittagsmüdigkeit zwischen den Fingern zerreiben und den Duft einatmen. Spüren Sie, wie seine sonnige Kraft Sie ganz erfüllt. Wenn Sie dem Basilikum einen nachtblauen oder schwarzen Übertopf geben, verbinden Sie es zugleich mit den klassischen Karrierefarben.

Auch bei Geschäftsessen könnten Sie durch ein Gericht, das mit Basilikum gewürzt ist, den Gedanken an finanziellen Erfolg stärken. Insalata alla Caprese (Tomaten mit Mozzarella und Basilikum) unterstützt Sie auch farblich bei Ihrem Vorhaben. Pasta mit Pesto eignet sich ebenso gut.

Vor großen Herausforderungen sollten Sie zu Hause ein wenig Pfeffer, Ingwer, Bergamotte und Geranie in die Duftlampe träufeln. Das macht Sie gelassener und schenkt Ihnen gleichzeitig Mut. Stellen Sie sich dabei den Erfolg Ihrer Gehaltsverhandlungen vor!

Wenn Sie wissen, dass eine Besprechung zäh wird, wappnen Sie sich mit einem kleinen Taschentuch mit 5 Tropfen Ysop, 3 Tropfen Bergamotte, 3 Tropfen Pfefferminze und 3 Tropfen Zitrone in der Tasche, an dem Sie schnuppern können, wenn Ihnen nichts mehr einfällt oder sich die Debatte festfährt. Der Duft macht klar und kommunikativ.

Auch das Handy ist ein Begleiter Ihres Alltags, den Sie zu Ihren Zwecken nutzen können. Sorgen Sie dafür, dass es Sie mit einem Satz, der Ihnen Kraft und Schwung gibt, begrüßt und mit einer Sie fröhlich stimmenden Melodie klingelt. Dann werden Sie Ihre Handytelefonate freudig, gut gelaunt und mit Erfolg führen.

Die Liebe, die Liebe …

Liebeszauber gehören zu den klassischen Alltagspflichten jeder praktizierenden Hexe. Der Wunsch nach Gesundheit, Wohlstand und einem langen Leben wird sekundär, sobald ein einsames Herz in Liebe und Leidenschaft entbrannt ist. Nichts ist nun wichtiger als die Vereinigung mit dem Geliebten. Möglicherweise wurde das hinreißende Geschöpf bislang nur aus der Ferne angeschmachtet, Worte wurden kaum gewechselt, und einige schlicht bezaubernde Augenaufschläge und ein zaghaftes Lächeln sind das Einzige, was der Liebenden schlaflose Nächte bereitet.

Jede verantwortungsvolle Zauberfrau wird es in diesem Fall strikt ablehnen, aktiv zu werden. Was wäre, wenn sich der Ersehnte in der ersten Nacht als katastrophaler Liebhaber und schon am folgenden Tag als miserabler und mundfauler Gesellschafter und überhaupt als äußerst wenig bestrickender Zeitgenosse entpuppt? Hätten Sie ihn in einem solchen Fall bereits an sich gebunden, so müssten Sie ihm nun das Herz brechen, und das hat auch solch ein Mann mit Sicherheit nicht verdient. Also, wenn Sie sich selbst ans Bezaubern wagen: Unterschätzen Sie Ihre Fähigkeiten nicht und seien Sie nicht zu voreilig.

In freudiger Erwartung

Magische Handlungen in Liebesdingen sollten sowieso zu allererst einmal Sie selbst verzaubern, bevor sie auf das Objekt der Begierde gerichtet werden. Oder anders gesagt: Machen Sie sich selbst zum begehrten Objekt, das alle Aufmerksamkeit der Welt verdient.

Denken und spüren Sie einmal in aller Ruhe nach, was Sie sich von Ihrem Traumpartner erhoffen. Was wird er tun, um Sie in Glückszustände zu versetzen, wie wird er Sie anschauen, um Ihnen Schauer am ganzen Körper zu bescheren? Beginnen Sie damit, sich im Spiegel liebevoll lüsterne Blicke zuzuwerfen, und attestieren Sie Ihrem Spiegelbild täglich, dass es heute wieder einmal zum Verlieben schön ist.

Das wird am Anfang vermutlich nicht ganz einfach sein. Vielleicht neigen Sie ja dazu, sich immer wieder zu versichern, dass es bei diesen zu kurzen oder zu krummen Beinen, dieser zu langen oder zu schiefen Nase, diesem entsetzlich dicken Bauch, der furchtbaren Zellulitis oder was auch immer ja gar kein Wunder ist, dass Sie keiner anschaut. Der erste Schritt im Reigen der hochwirksamen Liebeszaubereien besteht jedoch darin, dies ab sofort und für alle Zeiten zu unterlassen.

Von nun an werden Sie sich bemühen, sich mit anderen Augen zu sehen. Mit liebenden Augen. Legen Sie Frauenmagazine mit neuen Diäten und Faltenpräparaten sofort beiseite. Misten Sie Ihren Kleiderschrank aus, trennen Sie sich vor allem von all jenen Stücken, über die Sie mittlerweile drei oder mehr Kleidergrößen hinausgewachsen sind. Verstauen Sie Ihre Waage im hintersten Winkel der Rumpelkammer und werfen Sie die Kalorientabelle ins Altpapier.

Sorgen Sie dafür, dass der Raum, in dem Sie sich gewöhnlich von oben bis unten kritisch im Spiegel begutachten, nicht in gleißendes Neonlicht getaucht ist, das Flecken und Falten, Täler und Höhen entstehen lässt, wo gar keine sind. Seien Sie sanft zu sich selbst und überlegen Sie, ob Sie jemand anderen derart schonungslos mit sich umgehen ließen. – Na eben.

So vorbereitet dürfen Sie nun endlich sich selbst hemmungslos umwerben. Hängen Sie Rubens-Drucke mit orangenhäutigen, prallen Grazien an die Wände Ihrer Wohnung und leihen Sie sich so den bewundernden Blick des Malers. Schreiben Sie in verschnörkelten Lettern „Guten Morgen, Du Schöne!" mit Ihrem Lieblingslippenstift auf Ihren Badezimmerspiegel.

Füllen Sie die beim Ausmisten entstandenen Löcher in Ihrem Kleiderschrank mit gut sitzenden Stücken aus schmeichelnden Stoffen; es darf ruhig Samt und Seide sein. Genießen Sie ausgiebig das Gefühl, nicht mehr beengt zu werden.

Im Hinblick auf die bevorstehende liebestolle Zeit ist die Anschaffung eines prachtvollen Morgenrocks besonders zu empfehlen. Jedes Mal, wenn Sie nun Zeit allein verbringen und sich ausschließlich Ihren Ritualen widmen möchten, schlüpfen Sie in ihn hinein und verlassen damit in doppelter Hinsicht die Welt vor Ihrer Eingangstür oder die Welt Ihres Arbeitszimmers und sind bei sich zu Hause. Machen Sie es sich zur Gewohnheit, sich jeden Tag eine Verwöhnstunde zu gönnen … oder doch zumindest an drei Tagen in der Woche.

Inspizieren Sie Ihr Badezimmer und überlegen Sie, was nötig ist, um es zu einem Ort der Entspannung, des Schwelgens und der Erneuerung werden zu lassen. Lassen Sie vor Ihrem inneren Auge einmal Kleopatras Bad entstehen, so wie Sie es sich vorstellen.

Sie müssen nun keine Wände durchbrechen oder einen Whirlpool einbauen. Schaffen Sie einfach alles herbei, was Ihnen dazu einfällt. Alles glitzernde Geschmeide, das Sie besitzen, Muscheln vom letzten Badeurlaub, schöne Nachthemden, Döschen und Tiegel, Flakons und Seifen in Seepferdchenform – was immer Sie mit Luxus verbinden und im Badezimmer einer echten Diva vermuten.

Jede Salbe, jedes Haarwasser ist doppelt wirksam, wenn Sie es einem edlen Tiegel oder einer schönen Flasche entnehmen, und Sie selbst werden sich in solch einem Tempel der

Schönheit auch viel leichter anziehend und schlichtweg umwerfend finden. Selbst ein lediglich fünf Quadratmeter großer Waschplatz wird so mit Phantasie zum heiligen Ort.

Die ersten Schritte zur Zweisamkeit sind nun ganz viele Zärtlichkeiten, die Sie sich selbst schenken. Nehmen Sie heiße Bäder, verwöhnen Sie Ihre Haut, pflegen Sie Ihr Haar. Tanken Sie Streicheleinheiten in Form ausgiebiger Massagen mit kostbaren Ölen und bereiten Sie damit kommenden Sinnesfreuden den Weg. Salben Sie Ihren Luxuskörper nach dem Bad mit wohlriechenden Ölen. Für die vollkommene Wonne in der Wanne greift die Schaumgeborene allerdings nicht unbedingt zum Schaumbad aus dem Supermarkt. Die ersten Schönheits-Bäder zumindest sollten mit dem Absud frischer Kräuter aufgegossen werden. Lavendel und Rosenblüten bestreiten den Hauptteil dieser Mischung, Orangenschalen (natürlich nur von ungespritzten Früchten), Thymian und Ros-

Ölmischung der Vorfreude

10 Tropfen Ylang-Ylang
10 Tropfen Rose
10 Tropfen Jasmin
10 Tropfen Bergamotte
5 Tropfen Rosenholz
5 Tropfen Vanille

Diese wunderbar sinnliche, weibliche Mischung füllen Sie in ein geeignetes Gefäß. Ein Drittel davon reicht aus als Badezusatz für ein Vollbad, mit etwas Honig oder Sahne verrührt; die ganze Menge wird mit 100 Milliliter Mandelöl zu Ihrem persönlichen Körperöl, oder Sie geben einen kleinen Teil davon in die Duftlampe oder tupfen sie sich pur hinter die Ohren.

marin sind günstige Beigaben. Sie dürfen hier gern experimentieren und nach persönlichen Vorlieben auswählen. Wichtig ist nur, dass es sich in einem solchen Bad herrlich an den Traumpartner denken lässt und sich jedes Gramm, jeder Quadratzentimeter des eigenen Körpers wunderbar anfühlt.

Seifenherz für die Liebe

20 g Gartenmajoran
5 g Bergminze
5 Tropfen Lavendelöl
ca. 180 g gemahlene Mandeln
500 g Olivenölseife (Savon de Marseille)
1 l Rosenwasser

Die gehobelte Seife mit 1/2 Liter Rosenwasser 3 Tage lang in einer Schüssel stehen lassen. Danach die Flüssigkeit abgießen (auffangen und mit ein paar Tropfen ätherischen Öls in den letzten Waschgang der Maschine geben) und erneut mit 1/4 Liter Rosenwasser aufgießen. Am nächsten Tag wiederholen Sie das Ganze. Danach gießen Sie die Restflüssigkeit wieder ab und fügen die im Mörser zerriebenen Kräuter und das Lavendelöl hinzu. Geben Sie nun nach und nach so viel von den Mandeln hinzu, bis eine gut formbare Masse entsteht. Aus dieser formen Sie nun ein Herz. Trocknen Sie die Seife vor Gebrauch einige Tage lang.
Diese Seife sollten Sie mit in die Wanne nehmen.

Fügen Sie dem Kräuterabsud einige Tropfen Ihres liebsten ätherischen Öls zu, lassen Sie frische Rosenblätter auf dem Wasser schwimmen, gießen Sie Sahne, Milch und Honig in die Wanne oder lassen Sie in einem Ölbad den ganzen Körper herrlich glatt und streichelweich werden. Sie haben diesen Luxus einfach verdient!

Wenn Sie Duschöl bevorzugen, sollten Sie das folgende einmal ausprobieren. Sie brauchen sich allerdings nach der Dusche nicht mehr einzucremen.

Wonniges Duschöl

50 ml Mandelöl
10 g Mulsifan (Emulgator)
70 g flüssige Seife
30 Tropfen Vanilleöl

Vermischen Sie alles gut miteinander und füllen Sie es in eine schöne Flasche. Der Duft ist warm, weiblich und weckt die Wolllust.

Nur für den unwahrscheinlichen Fall, dass Sie nach dieser Einleitung noch immer nicht davon überzeugt sind, genau so, wie Sie sind, die schönste Frau zu sein, die je in Ihren Schlafzimmerspiegel geblickt hat: hier noch ein alter österreichischer Zauber zur Vergrößerung des Busens. Er stammt aus der Zeit, als man glaubte, die Brustgröße hätte etwas mit der Milchmenge zu tun:

Stellen Sie sich in neun klaren Mondnächten bei zunehmendem Mond nackt ans Fenster. Bieten Sie Ihre Brüste dem Mond (dem „Man“) dar und sprechen Sie:

„Herr Man,
schein mei Brust an,
dass ‘s wird wie ein Essigkrug,
hab i mei Lebtag Brust genug.“

Wenn Sie der Vergleich mit dem Essigkrug abschreckt und Ihnen die italienische Fassung leichter von der Lippe geht, wählen Sie diese. Sie klingt poetischer und bittet Mond und Sterne um wachsende Brüste:

„Santa luna, sante stelle
fatemi crescere queste mammelle.“

Wenn Sie so lange Zeit haben, warten Sie, bis der Vollmond im Stier steht, und machen das Ritual dann. Der Stier wird nämlich von Venus als Göttin der Schönheit regiert. Das ist allerdings nur im Oktober oder November der Fall – achten Sie dann darauf, dass Sie sich dabei nicht erkälten.

Liebesnest

Schlüpfen Sie nach Ihrem Bad in Ihren luxuriösen Hausmantel. Anschließend inspizieren Sie Ihre Wohnung. Betrachten Sie einmal in aller Ruhe Ihr Schlafzimmer unter dem Aspekt, ob sich dieses derzeit als lasterhaftes Liebesnest überhaupt eignet: Türmt sich dort vielleicht die Bügelwäsche mitsamt Eisen und Brett? Blickt die gesamte gerahmte Familie stolz und prüfend auf die keusche Tochter und das zölibatäre Lager? Gibt es hier womöglich eine Arbeitsecke, die nirgendwo anders Platz gefunden hat?

Ihr Schlafzimmer ist von nun an nur noch Ort der Sinnlichkeit und der Ruhe. Die Familie wandert ins Wohnzimmer, der Arbeitsplatz wird streng von Ihrem Liebesnest getrennt (wenn er hier bleiben muss, siehe Seite 106), der Kram, der sonst nirgendwo unterzubringen ist, wandert in den Abstellraum, der Fernseher muss aber auf jeden Fall ganz hinaus. Sollten Sie auf den Liebesfilm an einsamen Abenden im Nachtprogramm im Bett nicht verzichten wollen, sollten Sie sich die Mühe machen, den Fernseher jedesmal danach wieder hinauszutragen. Es wird sich positiv bemerkbar machen.

Nun suchen Sie den bestmöglichen Platz für Ihr Bett. Wenn Sie es allein nicht verschieben können, laden Sie eine Freundin ein und versüßen Sie sich das Umräumen mit dem Erzählen herrlich unzüchtiger Erlebnisse.

Keinesfalls darf das Kopfende des Bettes Richtung Tür zeigen oder sich unmittelbar neben der Tür befinden. Sie sollten die Tür im Blickfeld, aber auch nicht direkt am Fußende, also direkt gegenüber haben. Schlafen Sie auch niemals unter einem wuchtigen Deckenbalken oder einer schweren Lampe. Unbewusst werden Sie immer fürchten, er oder sie könne nachts herunterfallen. Haben Sie den optimalen Ort für Ihre Bettstatt gefunden, und nur ein Deckenbalken stört die sonst ideale Position, so verhängen Sie ihn durch einen Baldachin oder ein großes Tuch, das sich zudem äußerst romantisch ausnehmen wird.

Verbannen Sie außerdem alle Spiegel aus dem Schlafzimmer; es gibt genügend andere Plätze in Ihrer Wohnung, an denen sie Ihnen mehr Glück bringen als hier. Scharfe Kanten und Ecken von Wänden, Regalen oder Möbeln, die direkt auf das Bett zeigen, entschärfen Sie mit Kristallen, Steinen oder Tüchern, die Sie davor hängen oder legen.

All diese Maßnahmen sorgen nicht nur für die besten Voraussetzungen für Ihr Liebesleben, sie bereiten Ihnen zudem einen ungestörten, erholsamen Schlaf – auch in einsamen Nächten.

Liebeskissen

In die Mitte Ihres Lagers gehört mindestens ein Liebeskissen. Machen Sie sich bereits jetzt daran, es anzufertigen. Die Bezüge nähen Sie aus einem roten, leichten Stoff aus Baumwolle oder Seide. Die Kräuter, mit denen Sie die Kissen füllen, sollten selbst gesammelt und nicht gekauft sein. Das ist allerdings mit einigem Aufwand verbunden:

Kleiden Sie sich für Ihren Streifzug in Weiß, machen Sie sich allein auf den Weg und verlieren Sie auch bei einer Begegnung, sei es mit Mensch oder Tier, kein Wort. Günstige Wochentage zum Sammeln von Liebespflanzen sind Montag, der Mondtag, und Freitag, der Tag der Venus. Wenn Sie es ganz genau machen möchten, müssen Sie am Tag des jeder einzelnen Pflanze zugeordneten Planeten losziehen – was bedeutet, dass Sie für ein kleines Liebeskissen recht häufig unterwegs sein dürften. Pflücken Sie die Heilpflanzen, die im Dienst der Liebe stehen, zudem im Mondschein.

Während des Sammelns denken Sie an die Genüsse, die Ihnen diese Kräuter bescheren werden, und danken Sie jedem Kraut für seine Hilfe. Es ist wohl selbstverständlich, dass Sie von jeder Pflanze nur ein wenig pflücken und nicht einen ganzen Standort einfach kahl rupfen. Standorte in der Nachbarschaft dicht befahrener Straßen sollten Sie meiden – oder wollen Sie die Ablagerungen von Autoabgasen mit ins Bett nehmen? Ihre Ausbeute trocknen Sie auf rotem Seidenpapier an einem luftigen, schattigen Ort.

Die Königin unter den Blumen für die Liebe ist, wie könnte es auch anders sein, die Rose. Sammeln Sie das ganze Jahr hindurch die Knospen roter und rosafarbener Blüten. Je intensiver sie duften, desto besser. Zum Trocknen eignen sich die gerade aufgeblühten Rosen am besten, nehmen Sie aber niemals Blätter einer schon verwelkten Rose. Stecken Sie die Blüten mit dem Ansatz in eine Schale, die mit Sand gefüllt ist; so behalten sie ihre Form und eignen sich gut für Tischgestecke und Schlafzimmerdekorationen. Damit haben Sie bereits einen schönen Vorrat. Rosenblütenblätter kann man einfach nie genug haben, denn für Bäder, Amulette und Mischungen werden sie in rauen Mengen gebraucht.

Ihr Liebeskissen füllen Sie nun zu einem Drittel mit dieser Kostbarkeit. Dann geben Sie noch zu gleichen Teilen Wilden Wermut (gemeiner Beifuß), Rosmarin und Pfefferminze hinzu. Streuen Sie eine Handvoll Wurzeln der Florentiner Schwertlilie, einige Gewürznelken und ein wenig Ambra und Benzoeharz darüber – diese Zutaten dürfen Sie kaufen. Während Sie mischen, streuen, krümeln und schwelgen, denken Sie an die kommenden Freuden und schließen Sie dann den

Bezug. Die Wirkung des Kissens kann durch eine kleine erotische Stickerei noch erhöht werden, zumal Sie während des Stickens viel Zeit zum Phantasieren haben.

Der Liebe einen Altar

Errichten Sie möglichst in der Südwestecke Ihres Schlafzimmers (benutzen Sie einen Kompass) nun einen Liebesaltar. Diesen bestücken Sie mit Dingen, die symbolisch für die gewünschte Zweisamkeit stehen.

Hängen Sie über das Tischchen, das Sie aufgestellt, oder das Tuch, das Sie am Boden ausgebreitet haben, ein Bild mit zwei turtelnden Tauben, zwei Delphinen, einen alten Schinken vom Flohmarkt mit einem sich küssenden Liebespärchen oder eine erotische Skizze – je nachdem, wonach Sie sich sehnen. Erden Sie diesen Bereich durch Steine und Bilder mächtiger Berge, wenn Sie sich Beständigkeit wünschen. Stellen Sie einige rote Kerzen in Ihren schönsten Leuchtern dazu. Sie müssen nicht angezündet werden, um zu wirken, dann und wann sollten sie aber für ein Stündchen brennen.

Wichtig ist, dass Ihre Liebesecke gut beleuchtet ist. Licht symbolisiert die männliche Energie, männliche Potenz, steht für die Energie des Feuers – und diese möchten Sie schließlich entfachen. Beleuchten Sie deshalb aber Ihr Schlafzimmer nicht mit Flutlicht und bis in den letzten Winkel. Das wäre kontraproduktiv und höchst unromantisch. Hängen Sie stattdessen in Bettnähe einen roten Papierlampion auf. Aber Vorsicht: Rote Lampen fördern tiefe und innige Beziehungen. Sollte es Sie also nur nach einer wilden Nacht mit offenem Ausgang gelüsten, ist von Rotlicht eher abzuraten, auch wenn das so genannte Rotlichtmilieu etwas anderes vermuten ließe. Schaffen Sie mit Hilfe mehrerer kleiner Lichtquellen eine indirekte, angenehme Beleuchtung. Natürlich dürfen Sie Ihre gute, helle Leselampe behalten, schon allein, damit Sie sich gegenseitig anrüchige Literatur vorlesen können. Zu fortgeschrittener Stunde können Sie sie ja einfach ausschalten.

Verstärken Sie die Energie Ihres Liebesaltars, indem Sie im Südwestbereich Ihres Gartens – falls vorhanden – einen kleinen Erdhügel anhäufen und ihn mit Steinen schmücken, die Sie in Form eines Herzes, Kreises oder des endlosen Knotens auslegen, der alle Rezepte in diesem Buch begleitet. Das geht auch gut auf dem Balkon oder dem Fensterbrett in einer schönen Schale, gefüllt mit Sand und Steinen.

Sorgen Sie auch hier für Licht. Das kann eine wetterfeste Lichterkette in den Zweigen eines Baumes oder einer Topfpflanze, eine Kerze im Windlicht oder auch eine fix installierte Außenleuchte sein (besonders wirksam ist dieses Licht, wenn Sie es 49 Nächte – siebenmal sieben – lang hintereinander brennen lassen). An diesem Ort können Sie nun alle Liebeswunschzauber im Freien und bei Mondenschein durchführen.

Hängen Sie in der Südwestecke Ihrer Wohnung Bilder von Männern auf, charismatischen Schauspielern oder Künstlern, eine Fotografie des Davids von Michelangelo oder eine Zeichnung, die für Sie das männliche Prinzip verkörpert. Niemals sollten Sie jedoch versuchen, Ihren ersehnten Traumpartner real einzufangen und ihn hier abbilden, denn das hieße, das Schicksal herauszufordern und könnte böse enden. Nur wenn Sie bereits in einer festen Partnerschaft leben, dürfen Sie sein Bild hier positionieren und um eine Vertiefung der Partnerschaft bitten.

Auch dieser Platz sollte gut beleuchtet oder doch zumindest durch eine rote, rosa- oder pfirsichfarbene Kerze oder einen Rosenquarz betont sein. Ein frischer Granatapfel oder ein paar Orangen in einer Glasschale oder auf einer schönen Serviette verstärken die Liebesenergie, ebenso wie Blumen –

Rosen ohne Dornen, Pfingstrosen oder ein blühender Apfelzweig. Disteln und Heidekraut sollten Sie hier vermeiden, die stehen nämlich für Ihr Distanzbedürfnis. Da sind Chrysanthemen oder weiße Nelken schon besser, die verschlüsselt aussagen, Ihr Herz sei frei, oder Goldlack, der für Ihre Sehnsucht steht.

Liebeszauber

Es kann nicht oft genug betont werden, dass Liebeszauber wie alle anderen Zauber stets nur zum Wohle aller und nie zum Schaden einer Person angewandt werden dürfen. Versuchen Sie also niemals mit allen Mitteln, einer anderen den Mann auszuspannen. Auch das noch ungebundene Liebesobjekt darf nicht ungebremst verzaubert werden. Überlassen Sie Ihrem Märchenprinzen immer die letzte Entscheidung: Er soll freiwillig zu Ihnen finden. Er wird sowieso nichts anderes wollen, wenn er erst einmal festgestellt hat, welches bezaubernde Wesen sich da um seine Aufmerksamkeit bemüht. Sollte er wider Erwarten gänzlich unbeeindruckt bleiben, war er ohnehin der Falsche. Verlassen Sie sich also auf Ihr Schicksal, den Himmel, die Götter oder wem auch immer Sie Ihre Bitte um den Richtigen anvertrauen möchten.

Eine richtige Hexe legt nun aber nicht gottergeben die Hände in den Schoß. Sie dürfen natürlich schon ein bisschen wünschen, räuchern und mixen, damit die Sache in Gang gerät. Doch nennen Sie während Ihrer Rituale keine Namen und denken Sie dabei nicht an eine ganz bestimmte Person. Lassen Sie sich überraschen!

Schicken Sie Ihre Wünsche in den Wind. Kaufen Sie sich einen großen Luftballon in Rot oder Rosa, Gelb oder Weiß.

Lassen Sie ihn mit Helium füllen und gehen Sie damit aufs freie Feld, eine große Wiese oder einen Berg. Wichtig ist, dass nichts die Sicht versperrt und den Ballon aufhalten kann. Schreiben Sie nun Ihren Wunsch nach Liebe und Zweisamkeit mit einem Stift direkt auf den Ballon, mit Worten oder einem Bild oder Symbol, oder befestigen Sie einen Wunschzettel an der Ballon-Schnur. Stellen Sie sich vor, wie Ihr Wunsch in Erfüllung geht, und lassen Sie den Luftballon los.

Das geht auch mit Seifenblasen. Nur können Sie Ihren Wunsch lediglich im Geiste in die Seifenblasen hineinpacken. Stellen Sie sich vor, wie er sich überallhin verbreitet, während die Seifenblasen platzen.

Wenn Sie Ihren Wunsch nicht so gern dem Wind anvertrauen möchten, so knüpfen Sie ein Liebesbanner und hängen Sie es in die Zweige eines Baumes oder Strauches im Südwesten Ihres Gartens. Nehmen Sie dafür ein schönes Geschenkband vom letzten Weihnachtsfest und knüpfen Sie geistige Bilder Ihres künftigen Liebesglücks hinein. Auch kleine Steine, Blumen und Kräuter dürfen in dieses Band hineingeknotet werden. Lassen Sie das Band mindestens von Neumond bis zum Vollmond dort im Wind flattern. Es darf aber auch länger wirken und Liebhaber anlocken, wenn Sie regelmäßig frische Blumen hineinweben.

Beginnen Sie bei Neumond mit einem Liebeszauber, der 14 Tage dauert. Nehmen Sie zwei rote oder rosafarbene Kerzen und stellen Sie sie an die Seiten Ihres Liebesaltars. Die eine symbolisiert Sie selbst, die andere Ihren Wunschpartner.

Während Sie die Kerzen am Abend entzünden und jeden Tag ein wenig dichter zueinander stellen, stellen Sie sich vor, wie er an jedem Tag ein wenig mehr zu Ihnen findet. Bei Vollmond bedanken Sie sich, und wenn es in diesem Monat noch nicht geklappt hat, fangen Sie beim nächsten Neumond wieder von vorn an. Seien Sie offen für das Unvorhergesehene, damit Sie Ihren Traumpartner auch erkennen, wenn er kommt.

Hübsch und sehr alt ist der folgende Liebeszauber:

Falls Sie unverhofft einen Marienkäfer finden, freuen Sie sich. Marienkäfer sind echte Glücksbringer und obendrein fabelhafte Liebesboten. Geben Sie ihm ein Gedicht wie das folgende mit auf den Weg:

> „Hier dies Marienwürmchen hab ich aus dem Gras genommen,
> mit rotem Rock voll schwarzer Punkte ist es zu mir gekommen.
> Flieg, Käferchen, nach Süd und Nord, nach Osten und Westen
> und such den einzig treuen Mann, den Liebsten mir, den Besten.“

Hat sich der Käfer in Ihr Haus verirrt, so nehmen Sie ihn vorsichtig auf und bringen Sie ihn ins Freie. Bei milder Witterung dürfen Sie ihn einfach auf die nächste Blume setzen – falls Pfingstrosen oder Margeriten in der Nähe sind, unbedingt auf diese – sie sind meist von so vielen Blattläusen befallen, dass Ihr Käfer sicher nicht verhungern wird. Bei großer Kälte setzen Sie ihn in ein Beet, bedecken ihn mit trockenem Laub und geben Sie ihm mit dem Gedicht auch viel Wärme mit.

Liebesamulette

Amulette aus Muscheln sind günstig für alle, die auf der Suche sind. Während Sie das Amulett basteln, stellen Sie sich die Liebesgöttin Venus vor, die einer Muschel entstieg, als sie zu den Menschen kam. Oder denken Sie einfach an erotische Wonnen. Eine um den Hals getragene Tulpenzwiebel kann auf der analogen Ebene dazu beitragen, dass die Liebe bald so erblüht wie die Blume, die in der Zwiebel ruht.

Sie können auch ein kleines Beutelchen aus weißem oder gelben Stoff mit fünf Kürbiskernen oder fünf Stücken Gelbwurz darin bei sich tragen. Versiegeln Sie es mit einem Tropfen klaren Honigs und denken Sie dabei an die Süße der Liebe, die Sie ersehnen.

Haben sich zwei Liebende gefunden, so dürfen sie einander bedenkenlos Liebesamulette schenken. Nähen Sie zwei kleine Beutel aus demselben Stück Stoff und füllen Sie sie mit Rosenblüten, Malven, Rosmarin und je einem Span Sandelholz. Tragen Sie sie beide nun immer am Körper. Das hält die Liebe jung und die Verbindung zwischen Ihnen aufrecht.

Der erste Abend

Es ist soweit. Sie sind einem berückenden Mann begegnet, haben ihn zu sich nach Hause eingeladen, und er hat die Einladung freudig erregt angenommen.

Hoffentlich waren Sie klug genug, die Einladung nicht für denselben Abend auszusprechen, sondern haben einige Tage Zeit für die Vorbereitungen eingeplant. Wenn Sie ihn unbedingt nur in einer blitzblank geputzten Wohnung empfangen möchten – er wird's ohnehin nicht merken –, schrubben Sie bitte nicht erst an dem Tag, an dem Sie ihn erwarten. Ganz entsetzlich schlecht für Schwingungen, Stimmung und Libido wäre es, würden Sie eine Stunde vor seinem Eintreffen noch mit Staubwedel, Kochlöffel und Duftölen herumfuchteln und das Bett durch die Wohnung schieben, während eine

Fruchtmaske die hektischen roten Flecken in Ihrem Gesicht aufsaugen soll.

Denken Sie also ruhig und frohlockend spätestens drei Tage vorher darüber nach, was Sie für diesen Abend noch tun möchten. Bereiten Sie alles vor, was sich vorbereiten lässt, sodass Sie sich in den letzten Stunden nur noch um das Essen und sich selbst kümmern müssen. Lassen Sie sich Zeit und Muße für jeden Handgriff und beginnen Sie das Fest schon am Morgen. Hören Sie Ihre Lieblingsmusik, zünden Sie die Kerzen schon jetzt nur für sich an, räuchern und duften Sie, verwöhnen Sie sich mit einem letzten Schönheitsbad und verwenden Sie Ihr Lieblingsparfum verschwenderisch. Sie werden bis zum Abend genau in der richtigen Intensität duften, der Rest liegt in den Räumen, die Sie mit Blumen durchstreifen und gemeinsam mit Ihrem betörenden Geruch überall verteilen. Köpfen Sie einen Piccolo und trinken Sie ihn über den Tag verteilt mit frisch gepresstem Orangensaft.

Auch die Frage, was Sie anziehen, sollten Sie tunlichst schon frühzeitig entscheiden. Haben Sie ein Lieblingsstück, das sich bisher in allen Lebenslagen bewährt hat und in dem Sie sich gut und schön fühlen, so nehmen Sie natürlich das. Sie sollten es aber mit einem dramatischen Tuch, auffälligem Schmuck, todschicken Schuhen oder neuer Unterwäsche kombinieren, um es für diesen Abend zu etwas ganz Besonderem zu machen.

Leisten Sie sich bei jedem neuen Liebhaber eine neue Garnitur Unterwäsche – schon deshalb, weil Sie sicherlich nicht inmitten des schönsten Liebestaumels daran erinnert werden möchten, dass auch Ihr Verflossener mit dem Verschluss dieses BHs immer seine Probleme hatte.

Rote Kleidung ist an solch einem Abend eine vorzügliche Wahl. Sollten Sie sich in Rot unwohl fühlen oder der Meinung sein, es stehe Ihnen nicht, wirken sich auch rote Akzente positiv aus: ein kleiner Ohrstecker zum Beispiel, ein rotes Haarband, eine rote Brosche oder ein Tupfer roten Lippenstifts, den Sie dann ruhig mit Ihrer Lieblingsfarbe übermalen können, wenn Sie finden, dass Rot Ihnen nicht steht.

Das Bett

Dem Bett selbst sollten Sie ebenfalls besondere Aufmerksamkeit widmen. Selbstverständlich können Sie sich auch auf dem Küchentisch, in der Badewanne oder in der freien Natur lieben, aber auch die Experimentierfreudigsten werden dann und wann die weiche, intime Wärme des konventionellsten aller Liebesorte mit Freude aufsuchen.

Die Basis – ein stabiles Bettgestell, mindestens zwei Kopfkissen und eine große Decke – haben Sie ja hoffentlich bereits. Kissen kann es aber nie genug geben. Wählen Sie dafür Bezüge in Rot- und Violetttönen und drapieren Sie die Kissen auch um das Bett herum. Erstens vergrößern Sie es damit und verleihen ihm symbolisch einen höheren Stellenwert, und zweitens fallen Sie bei wildem Liebesreigen weich. In die Bettmitte gehören Liebeskissen (siehe Seite 152).

Kariertes Bettzeug ist für eine erste Liebesnacht eher ungeeignet, es sei denn, Sie verbinden damit beide den Gedanken an Almhütten, dicke Federbetten und besonders schöne Erlebnisse. Wenn nicht, denken Sie lieber an Tausendundeine Nacht und wählen Sie satte Farben aus dem Rot- und Blauspektrum. Wie wäre es mit einer neuen Garnitur aus Baumwollsatin, der der Haut wunderbar schmeichelt, oder gar aus Seide? Gewöhnliche Baumwolle tut es auch, nur synthetische Fasern sollten es nicht unbedingt sein.

Vor dem ersten Gebrauch sollten Sie die Stoffe waschen. Das vertreibt alle vorhandenen Energien in der Wäsche und gibt Ihnen zugleich Gelegenheit, sie mit Rosenwasser zu spülen, dem einige Tropfen Ylang-Ylang- und Sandelholzöl beigemengt sind. Wenn das Wetter mitspielt, hängen Sie Decken und Kissen tagsüber an die Sonne. Die aufgefangene

Sonnenenergie wird Ihnen und Ihrem Liebsten die ganze Nacht hindurch Kraft und Ausdauer schenken.

Der Schlafzimmerstein schlechthin ist der feurige Karneol. Er steigert sexuelles Verlangen, spendet Lebenskraft und Lebensmut und spornt regelrecht dazu an, sexuelle Phantasien auszuleben. Während sein angestammter Platz der Liebesaltar in Ihrem Schlafzimmer ist, können Sie ihn beim ersten Essen zu Hause mit „ihm" bereits während der Mahlzeit in nächster Nähe Ihres Gastes platzieren – vielleicht als Teil der Tischdekoration? Der Stein treibt den Herrn mit Macht in Ihre Arme und Richtung Schlafgemach, wohin Sie dann aber unbedingt auch den Karneol wieder mitnehmen sollten. Vor solch einem Abend sollten Sie den Stein frisch reinigen und aufladen. Nehmen Sie ihn in einer schönen, klaren Vollmondnacht mit nach draußen und besprechen Sie ihn mit Ihren geheimsten Wünschen.

Wenn Sie krank sind, entfernen Sie den Karneol allerdings besser aus dem Schlafzimmer. Er kann das Fieber erhöhen.

Erotisierendes Räucherwerk

Selbstverständlich sollte während einer Liebesnacht das Kissen nicht die einzige Duftquelle sein. Für solch ein Fest dürfen die Wohlgerüche das Haus aus allen Ecken durchziehen.

Räucherwerk

Ambra
Benzoeharz
Jasminblüten
Moschus
Orangenblüten
Patschuliblätter
Rosenblätter
Sandelholz
Veilchenwurzel
Zimt

Entzünden Sie eine bunte Mischung auf Räucherkohle (gibt's dort, wo es Räucherwerk gibt), die Sie weitab aller brennbaren Materialien auf einer feuerfesten Unterlage anzünden oder in einer Pfanne verglühen lassen, während Sie damit langsam das Haus durchschreiten. Weihrauch ist ebenfalls geeignet; wenn er auch nicht direkt eine erotisierende Wirkung hat, so vermag er doch die Heiligkeit der folgenden Stunden anzukündigen. Vielleicht ist er aber für Sie – oder für Ihren Gast – doch zu sehr mit dem Gedanken an Kirchgänge verknüpft, sodass sein Geruch eher hemmend wirken könnte …

Einen wunderbar stimulierenden und wärmenden Geruch verbreiten Liebeskugeln. Sie formen sie aus einer Mischung aus Rosenblättern, Sandelholz, Jasminblüten, Orangenschalen und Benzoeharz. Begießen Sie alle Zutaten mit Rosenwasser und formen Sie daraus Kugeln in der Größe einer Murmel. Getrocknet werden sie eine Woche lang an der Sonne oder bei 50 Grad im geöffneten Backofen. Der ideale Zeitpunkt, um sie zu entzünden, ist eine Vollmondnacht.

Sinnvollerweise sollten Sie das Räuchern mit Pflanzen oder dem aus ihnen gewonnenen Öl am besten am Tag des ihnen zugeordneten Planeten vornehmen. Kontraproduktiv wäre es, Pflanzen, die der Venus zugeordnet sind, in einer Nacht, in der Mars oder Saturn regieren, für sich einzusetzen.

Duftöle für die Liebe

Unter den vielen ätherischen Ölen finden sich etliche Essenzen, die als Aphrodisiakum eingesetzt werden können. Für eine kleine erotische Grundausstattung wählen Sie sich einfach aus der folgenden Liste einige Düfte aus. Folgen Sie dabei Ihrer Nase. Sie müssen sich von den Ölen angesprochen fühlen. Nehmen Sie am Anfang nicht mehr als drei Düfte in Kombination, bis Sie sie alle gut genug kennen und auch mehr zu einer gelungenen Mischung verbinden können.

Duftöle für die Liebe

Alant
Costuswurzel
Cumin
Gardenie
Geißblatt-Blüte
Ginsterblüte
Hyazinthe
Jasmin
Karottensamen
Kassia-Blüte
Liatrix
Lotusblüte
Mimose
Moschus
Muskatellersalbei
Myrrhe
Petunienblüte
Rose
Sandelholz
Vetiver
Ylang-Ylang

Wunderbar geeignet für eine sinnliche Schlafzimmerstimmung ist zum Beispiel die folgende Mischung:

Sinnliche Schlafzimmermischung

6 Tropfen Ylang Ylang
9 Tropfen Rose
3 Tropfen Jasmin
6 Tropfen Sandelholz

Wenn Sie Ihren besonderen Abend gemeinsam vorbereiten, tropfen Sie die Essenzen abwechselnd in die Schale und schauen Sie sich dabei tief in die Augen – vergessen Sie dabei aber das Zählen nicht! Für einen ersten Abend, den Sie allein vorbereiten, fügen Sie der Duftmischung noch 3 Tropfen Neroli hinzu.

Das Liebesmahl

Als angehende Hexe dürfen Sie die Chancen, die sich Ihnen beim Bereiten des gemeinsamen Mahles bieten, nicht ungenutzt lassen. Hier können Sie nun nach Herzenslust und in besonders schweren Fällen auch in zehn Gängen Ihrem Liebsten alles servieren, was ihn Ihnen geneigt machen könnte. Übertreiben Sie aber besser nicht. Ein voller Bauch macht müde und träge. Hungrig liebt sich's natürlich auch nicht gut. Wählen Sie deshalb leichte, proteinreiche Gerichte, und servieren Sie von allem nur ein Häppchen. Nachdem Sie sich ausgetobt haben, dürfen Sie dann gern noch die Reste aus den Töpfen kratzen und gemeinsam satt und glücklich einschlummern. Zu Beginn des Abends wird jedoch nur genascht, quer durch die Palette der aphrodisischen Köstlichkeiten, die uns die Natur bietet.

Begnadeten Köchinnen, die aus den verschiedensten Zutaten und im Handumdrehen etwas Wunderbares zu zaubern im Stande sind, sei hier lediglich ein kleiner Überblick über die besten erotisierenden Zutaten gegeben:

Prinzipiell sind alle Arten von proteinreichem und fettarmem Fleisch zu empfehlen. Fisch und Meerestiere ganz besonders. Kombinieren Sie sie mit Sellerie, Zwiebel, Knoblauch (Sie essen ja gemeinsam), Avocado und Spargel, der vor allem wohl seiner phallischen Form wegen geschätzt wird. Spielen Sie beim Anrichten mit der Symbolik von Form und Farbe. Auch wenn sich in der gewählten Speise keine erotisierenden Substanzen befinden, wird die entsprechende Assoziation beim Verzehr ihre Wirkung sicherlich nicht verfehlen.

Wie wär's mit asiatischer Küche? Dort bringen Sie den Fisch raffiniert unter und können großzügig mit Chili würzen, dem zu Recht eine phänomenale Wirkung nachgesagt wird. Würzen sollten Sie außerdem mit reichlich Petersilie, Liebstöckel, das nicht zufällig diesen Namen trägt, und Koriander. Für süße Speisen eignen sich Vanille, Zimt, Nelken, Muskat, Kardamom, Honig und Mandeln.

Sollten Sie aber nicht zu den begnadeten, sondern eher zu den Mikrowellen- und Pasta-mit-Tomatensauce-Köchinnen zählen, hier nun einige erprobte Rezepte:

Starten Sie das Liebesmenü mit einer Avocadocreme oder einer Selleriesuppe. Servieren Sie die Creme mit rohem Stan-

Avocadocreme

1 reife, weiche Avocado
Salz
frisch gemahlener Pfeffer
Saft einer Zitrone

Die Avocado sollte noch keine dunklen Stellen aufweisen. Zerdrücken Sie das Fruchtfleisch und mischen Sie Salz, Pfeffer und ein wenig Zitronensaft nach Belieben darunter.

gensellerie und einigen Scheiben geröstetem Weißbrot. Auch zur Suppe passen Stangensellerie und Weißbrot zum Knabbern. Alternativ dazu sind Mohnbrötchen pures Liebesdoping!

Selleriesuppe

1 Sellerieknolle
1 Hand voll kleine Kartoffeln
Salz, Pfeffer
Muskat
Liebstöckel
Petersilie

Sellerie und Kartoffeln klein schneiden, gemeinsam in wenig Wasser gar kochen und im Kochwasser passieren. Mit Salz, Pfeffer und etwas Muskat würzen und mit Liebstöckel und Petersilie bestreuen.

Den Hauptgang sollte ein Fischgericht bilden. Besonders geeignet, um die Lendengegend zu stimulieren, sind natürlich Kaviar und Austern. Dazu gibt's Champagner. Wenn Sie sich allerdings schon mit Ihrer bezaubernden Abendrobe, dem raffinierten Darunter, der seidenen Bettwäsche und den wohlduftenden Essenzen verausgabt haben, tun es auch Fischfilets oder gegrillte Garnelen.

Vegetariern seien Austernpilze empfohlen, die mit etwas Weißwein, Crème fraîche und Petersilie gebraten werden, aber auch Spargel mit einer selbst gerührten Sauce Hollandaise, der Sie drei Tropfen Lavendelöl beifügen, kann sehr inspirierend wirken.

Stellen sie zum Nachtisch frische Früchte bereit. Trauben, Feigen, Pfirsiche und Granatäpfel sind für Ihre Zwecke gut geeignet. Sie dürfen aus den Feigen auch einen köstlichen Nachtisch zaubern, der die Wolllust weckt.

Feigendessert

150 ml Dessertwein
1/2 Zimtstange
1 EL brauner Zucker
3 frische, halbierte Feigen
150 g Himbeeren (notfalls tiefgefroren)
50 g weißer Zucker
Saft von 1/2 Zitrone
50 g Mascarpone

Den Dessertwein gemeinsam mit dem Zimt und dem braunen Zucker erwärmen, bis sich der Zucker aufgelöst hat. Die Feigen in eine Schüssel geben und mit der Soße übergießen. Drei Stunden ziehen lassen. Die Himbeeren mit dem weißen Zucker vermischen, passieren und dann mit Zitronensaft verrühren. Nun die abgetropften Feigen goldbraun grillen und jeweils mit einem Esslöffel Mascarpone auf Desserttellern, die mit der Himbeersauce bedeckt wurden, anrichten.

Liebestränke

Zum Aperitif sei ein Glas Champagner (oder trockener Sekt) empfohlen, der mit einem Löffel klein geschnittener Pfirsiche – aus der Dose – und einem Schuss Pfirsichlikör versüßt wird. Füllen Sie den Sektkelch zunächst ein bis zwei Zentimeter hoch mit Früchten und Likör und gießen Sie mit Champagner auf.

Zum Essen gibt es wie bei den alten Römern gewürzten Rotwein aus schönen Gläsern, die im Kerzenlicht funkeln. Den Wein müssen Sie bereits drei Tage vorher ansetzen. Wählen Sie einen trockenen, schweren Roten und geben Sie eine Zimtstange, eine Vanilleschote, ein Stück getrockneten Ingwer und die Kugeln aus drei Kardamomkapseln in die Flasche, die Sie dann wieder verkorken. Vor dem Servieren filtern Sie den Wein in eine Karaffe. Falls Sie noch eins drauflegen wollen: Drei Tropfen Ihres Blutes sind das klassische magische Mittel, das Ihnen nicht nur seine Triebhaftigkeit, sondern auch seine Liebe sichert. Sollte er Bier bevorzugen, so spucken Sie vorher in sein Glas. Bier macht zwar nicht lüstern, im Gegenteil, die Spucke verbindet ihn dafür aber in Liebe mit Ihnen. Wollen Sie nicht spucken, so können sie ihn natürlich auch mit einem tiefen Kuss unsterblich verzaubern.

Den Kaffee zur Nachspeise bereiten Sie mit je einer Prise Salz und gemahlenem Kardamom und einem Stück Zimtstange zu (alles mit dem Kaffeepulver in die Filtertüte geben). Schäumen Sie dazu Milch auf und bestreuen Sie die Tassen mit ein wenig Kakao.

Ihr Gast ist ein Teetrinker? Kein Problem. Mischen Sie einen Teelöffel Schwarztee mit ein wenig Rosmarin, Thymian, Rosenblättern, Koriander, Muskat, Orangenschalen und Liebstöckel. Süßen Sie diesen Liebestee mit Honig oder braunem Kandis.

Einen Kräutertee, der es ebenfalls in sich hat, bereiten Sie aus je einer Prise Lavendel, Rosmarin, Basilikum, Salbei, Anis und zwei Prisen Bohnenkraut je Tasse zu. Sie übergießen die Kräuter mit kochendem Wasser und lassen den Tee zwei Minuten lang ziehen.

Für die Ewigkeit ...

... soll Ihre Beziehung halten? Wie schön für Sie! Zeigt dieser Wunsch doch, dass Ihre Entscheidung für gerade diesen Traumpartner richtig war. Herzlichen Glückwunsch!

Vergegenwärtigen Sie sich all das Schöne der ersten Tage. Erinnern Sie sich an jedes Duftöl, an jedes Räucherwerk, an die Bettwäsche, an die Mahlzeit, die Sie zubereitet, und an die Musik, die Sie aufgelegt haben. Diese Elemente verwenden Sie für Rituale, die Sie allein durchführen, und für gemeinsame Rituale mit Ihrem Partner. Feiern Sie den Jahrestag Ihres ersten gemeinsamen Abends oder des Tages, an dem Sie sich kennen gelernt haben. Rufen Sie gemeinsam die Empfindungen füreinander, die Neugier, die Leidenschaft dieser ersten Zeit wach. Wenn Sie Ihre magischen Hilfsmittel von damals dosiert einsetzen, wird diese Zeit für Sie immer wieder lebendig und Sie werden einzigartige Partner füreinander.

Auch in der Liebe ist Anerkennung die beste Motivation. Schenken Sie Ihrem Partner hin und wieder eine Liebeserklärung. Laden Sie ihn zu einem besonderen Abendessen in Ihrem Zuhause ein; bereiten Sie sich und ihm ein Liebesbad mit sechs Tropfen Sandelholzöl, drei Tropfen Ylang-Ylang und einem Tropfen Jasmin. Es macht Sie selbst nach längerer Beziehung noch unwiderstehlich!

Ihnen wird sicher genug einfallen, wie Sie Ihrem Partner sagen können, dass er nach wie vor für Sie der umwerfendste Mensch ist, den Sie kennen. Tun Sie es – der Erfolg ist garantiert.

Gebrochene Herzen

Jeder Streit hinterlässt einen kleinen Knacks in Ihrem Herzen – und in dem Ihres Partners. Nehmen Sie das ernst. Irgendwann summieren sich die Knackse, und dann ist plötzlich die ganze schöne Beziehung dahin – als sei sie nie bezaubernd, einzigartig und sinnesverwirrend gewesen. Damit die Knackse auch tatsächlich heilen können, haben Ihre Herzen eine ordentliche Versöhnung verdient. Kehren Sie also Streit nicht einfach unter den Tisch: Er ist damit nicht vergeben und vergessen, dass wieder die ersten Küsschen gewechselt werden.

Machen Sie ein Ritual, zu dem Sie rotes oder rotes und grünes Kerzenlicht einsetzen – für die Liebe und die Hoffnung auf Heilung. Gehen Sie gedanklich in Ihren Streit zurück. Stellen Sie sich nun vor, wie sich das Licht der roten Kerze in dieser Situation ausbreitet, bis es sie ganz erfüllt. Wischen Sie den Streit nicht weg, aber lassen Sie ihn auf die angemessene Größe schrumpfen. Nun gehen Sie in den Kummer zurück, den der Streit in Ihnen ausgelöst hat. Lassen Sie das grüne Licht in diesen Kummer hineinwachsen, bis es Sie erfüllt, und stellen Sie sich vor, wie Ihr Herz im Licht Ihrer grünen Kerze wieder heil und ganz wird. Nehmen Sie nun ein Rosmarinbad zur Entspannung – vielleicht sogar schon wieder mit Ihrem Partner?

Klappt die Sache mit der Versöhnung nicht, kommt es früher oder später zur Trennung. Bei jeder Trennung gibt es einen, der geht, und einen, der leidet. Das muss nicht so sein.

Wenn Sie derjenige sind, der geht, machen Sie ein Ritual, in dem Sie die Trennung ganz klar vollziehen und sich Ihre Gründe dafür vor Augen rufen. Nun kommt das Wichtigste: Danken Sie Ihrem zukünftigen Ex-Partner für all das Schöne, das Sie an seiner Seite erleben durften, danken Sie ihm für alles, was er Ihnen gegeben hat, und für die gemeinsame Zeit. Wiederholen Sie, dass die Zeit nun vorbei ist und lassen Sie dann die Beziehung los. Wenn Sie mit einem Band arbeiten, könnten Sie es an dieser Stelle symbolisch durchschneiden. Am besten ist es, Sie warten mit diesem Ritual bis zum abnehmenden Mond – er hilft Ihnen beim Loslassen.

Wenn Sie die Beziehung nach einer kürzeren Dauer wieder lösen wollen, können Sie auch den Kerzenzauber von Seite 157 wiederholen – in umgekehrter Richtung. Sprechen Sie dazu Verse, in dem Ihre Vornamen und der Reim von „Herz“ auf „Schmerz“ vorkommen. – Am schönsten wäre es, wenn Sie mit Ihrem zukünftigen Ex Ihre Beziehung feiern und verabschieden könnten – vielleicht in Form eines kleinen Festes.

Sind Sie dagegen derjenige, der verlassen wird, sieht es schon schwieriger, aber immer noch nicht hoffnungslos aus. Zuerst müssen Sie allerdings das Ende der Beziehung akzeptieren lernen – möglichst ohne in heftige Selbstzweifel zu verfallen.

Der Chromdiopsid, ein smaragdgrüner Stein, hilft Ihnen dabei. Er heilt gebrochene Herzen. Zugleich verhindert er, dass Sie sich nach Liebe verzehren, stillt brennendes Verlangen und gibt Ihnen die Gewissheit, auch ohne Liebespartner ein vollständiger Mensch zu sein. Er schenkt Ihnen die Geduld, auf den Richtigen warten zu können und die Zeit bis dahin nicht als verloren zu betrachten. Tragen Sie ihn am Körper und denken Sie immer wieder über seine Botschaft nach.

Auch getrocknete Zitronenverbenen, als kleines Sträußchen oder eingenäht in einem kleinen Beutel am Körper getragen, heilen großen Liebesschmerz. Oder Sie gehen wieder einmal in die Badewanne. Diesmal mit sechs Tropfen Muskatellersalbei, zwei Tropfen Bergamotte und zwei Tropfen Ylang-Ylang. Dieses Bad aktiviert und heitert Sie auf, sodass Sie über Ihren Verlust leichter hinwegkommen.

Ein Ritual, das Ihnen helfen kann, den anderen ziehen zu lassen, obgleich es weh tut, könnten Sie an einem fließenden Gewässer durchführen. Dieses symbolisiert die Kraft der Gefühle, und seine Bewegung die Gewissheit, dass nur der Wandel sicher ist. Werfen Sie die Blätter einer Blume, die Sie von Ihrem Liebsten erhalten haben, einzeln hinein und lassen Sie sie davonschwimmen. Wenn Sie wollen, nehmen Sie anschließend etwas von dem Wasser mit und reiben Sie in Fällen akuten Liebesschmerzes Ihre Herzgegend damit ein.

Rettungsanker für alle Fälle

Es sind unsere Gedanken, die Magie bewirken. Unsere Handlungen symbolisieren lediglich unsere Gedanken, indem sie ihnen sichtbare Gestalt verleihen.

Bei allem, was Sie tun, gibt es eine offensichtliche, äußere Handlungsebene (Sie zünden eine Kerze an) und eine gedankliche, innere Ebene (Sie setzen damit bestimmte Energien frei, Sie schicken Licht in eine Angelegenheit). Die äußere ohne die innere ist keine Magie, die innere kann es ohne die äußere sehr wohl sein, beide gemeinsam verbinden sich zu kraftvollem Wirken.

Wenn Gedanke und Handlung spontan zusammenkommen und einen machtvollen Ausdruck finden, kann das Ergebnis auch für Sie selbst verblüffend sein. Stellen Sie sich vor, Sie ärgern sich über einen Kollegen, mit dem Sie gerade telefonieren – er ist im Auto unterwegs. Sie beenden das Telefonat im Unfrieden, er legt auf, Sie knallen wütend den Hörer auf die Gabel und rufen dazu laut: „Verdammt!" Genau zwei Minuten später haben Sie den Kollegen wieder an der Strippe. Er erkundigt sich, ob Sie ihn gerade verflucht hätten, seinem Wagen sei soeben der Gaszug gerissen …

Wenn Ihnen einmal in einer solchen Situation, in der Sie sehr wütend auf einen anderen sind, eine Verwünschung herausrutscht, die Sie in dieser Form denn doch nicht gemeint haben und bei der Sie weder in Ihrer Mitte waren noch Gelegenheit hatten, „… zum Wohle aller!" hinzuzusetzen, hilft nur eines: Machen Sie die Geschichte rückgängig und nehmen Sie diesen Fluch ganz ernsthaft wieder von dem Empfänger weg. Das geht allerdings nicht ganz so einfach, wie es Ihnen herausgerutscht ist.

Dazu vollziehen Sie sehr konzentriert ein Ritual, in welchem Sie sich zunächst die Energie vergegenwärtigen, in der Ihnen der Fluch über die Lippen kam. Lassen Sie dieses Bild möglichst konkret vor Ihrem geistigen Auge entstehen. Haben Sie es? Spüren Sie Ihren Zorn wieder genau so wie damals? Dann greifen Sie nun zu einem geistigen Radiergummi und radieren Sie das Bild aus. Während Sie seine Spuren entfernen, signalisieren Sie ganz klar, dass es Ihnen Leid tut, und nehmen Sie den Fluch mental zurück. Wenn Sie das schaffen, schicken Sie dem Empfänger des versehentlichen Fluchs nun eine gute Portion helles Licht.

Der magische Kalender

Der folgende Jahresplaner soll Ihnen helfen, in der Fülle magischer Vorschriften und Tipps den Überblick zu behalten – damit Sie an jedem wichtigen Tag des Jahres wissen, was Sie tun müssen, um vor allen bösen Geistern geschützt zu sein, und was Sie unterlassen müssen, um nicht von allen guten Geistern verlassen zu werden.

1. Januar: Neujahrstag

Der Neujahrstag ist ein wichtiger, symbolischer Tag: der Beginn eines neuen Jahres. Alles, was Sie heute tun oder erleben, können Sie symbolisch für das neue Jahr durchführen oder als Vorzeichen auffassen.

Geldzauber für den Neujahrstag

Kochen Sie sich heute einen Hirsebrei. Während Sie ihn essen, stellen Sie sich vor, dass jedes Hirsekorn für eine Goldmünze (oder ihren Gegenwert) steht, die Sie in diesem Jahr erhalten werden.

Gesundheits- und Glücksbad für Neujahr

Kochen Sie die herabgefallenen Kiefernnadeln vom Weihnachtsbaum am ersten Morgen des neuen Jahres zu einem starken Aufguss. Kippen Sie den Sud in die Wanne und füllen Sie sie mit heißem Wasser auf. Solch ein duftendes Bad hilft natürlich immer bei Husten und Erkältungen, am Neujahrstag verheißt es außerdem noch Glück fürs kommende Jahr. Vorsicht, dieser Absud hat es in sich: Wenn Ihnen zu heiß wird oder Sie krebsrot anlaufen, steigen Sie aus der Wanne.

6. Januar: Epiphanias

Wenn die Sternsinger kommen, schicken Sie sie nicht weg: Das C. M. B. an Ihrer Tür ist ein guter Schutz vor Geistern, Hexen, Dämonen und Teufeln.

Gesundheitsbad für Epiphanias

Am 6. Januar fand angeblich die Taufe Christi statt. Daher ist das Baden an diesem Tag besonders gut für die Gesundheit. Geben Sie Eukalyptus und Wacholder in die Wanne – oder den Absud der inzwischen herabgerieselten Nadeln Ihres Christbaums. Vorsicht, bleiben Sie nicht zu lange in diesem Bad liegen!

Dank- und Fruchtbarkeitszauber

Um das Ende der Zwölften, der Zeit der Raunächte, zu feiern – jener gefährlichen Zeit, in der die Geister umgehen, in der man Wäsche nicht waschen und schon gar nicht nachts im Freien aufhängen darf und in der viele Familien so lange beisammen sind wie sonst nur im Urlaub –, gehen Sie ins Freie und nehmen Sie ein Glas Wein oder Sekt mit. Während Sie ihn trinken, freuen Sie sich, dass Sie nun wieder mehr Bewegungsfreiheit haben werden, und verabschieden Sie sich von der dunkelsten Zeit des Jahres. Den letzten Schluck gießen Sie unter einen Obstbaum oder Weinstock, damit er wieder gut trägt.

2. Februar: Mariä Lichtmess, Imbolc

In welche Kultur Sie auch schauen, an diesem Tag geht es um Reinigung und Licht. Die Römer feierten das Fest der Ceres, der Göttin der Fruchtbarkeit der Felder, und zogen mit Fackeln durch die Straßen, um der Göttin bei der Suche nach ihrer in die Unterwelt entführten Tochter Proserpina zu helfen und zugleich die Macht der Finsternis zu vertreiben. Die Kelten feierten das Reinigungsfest Imbolc, und das katholische Fest Mariä Lichtmess erinnert an die rituelle Reinigung der Gottesmutter 40 Tage nach der Geburt ihres Sohnes; es wird bis heute mit der Weihung von Kerzen begangen.

Reinigungszauber für Lichtmess

Überlegen Sie, wo Sie heute etwas aufräumen oder ins Reine bringen könnten und in welche finsteren Ecken Sie endlich einmal genauer schauen sollten. Entzünden Sie eine weiße Kerze und denken Sie an die Personen, mit denen Sie etwas klären möchten. Stellen Sie sich vor, wie das Licht all diese Räume und Beziehungen ausfüllt. Löschen Sie die Kerze (nicht ausblasen!), während Sie sich daraufhin vornehmen, aktiv zu werden, zum Telefon zu greifen oder Besuche zu machen.

Aschermittwoch

Das Ende der Karnevalszeit und der fetten Tage ist ein Tag, den man nicht nur mit Buße und Verzicht verbinden sollte, sondern auch mit Ruhe: Heute dürfen Sie Ihr Wohnzimmer nicht reinigen. Doch mit dem Ende der Fleisch- und Fettvorräte des Winters beginnt nicht nur die Zeit der Frühjahrskuren und Diäten, es ist auch Zeit für einen Geldzauber.

Geldzauber für Aschermittwoch

Nehmen Sie Ihre Geldbörse, räumen Sie sie aus und wischen sie feucht aus, lassen Sie sie gut trocknen und sortieren Sie dann alles wieder ein. Kontrollieren Sie alles, was Sie einräumen, daraufhin, ob Sie es noch brauchen. Schaffen Sie dabei bewusst Platz für neue Möglichkeiten. Machen Sie sich vielleicht angesichts der Konto- und Kreditkarten Ihr finanzielles Sicherheitsnetz bewusst. Während Sie die ebenfalls gereinigten Münzen wieder hineinlegen, stellen Sie sich vor, wie Sie das ganze Jahr immer genug Geld in der Geldbörse haben werden. Genießen Sie das Gefühl der Sicherheit.

21. März: Frühlings-Tagundnachtgleiche

Die Tage rings um die Frühlings-Tagundnachtgleiche gelten allen Kulturen als offizieller Frühlingsanfang. Der Eintritt der Sonne in das Tierkreiszeichen des Widders markiert den Beginn des astrologischen Jahres.

Die Griechen feierten vom 19. bis 23. März die Panathenäen zu Ehren der Göttin Athena – ein Fest mit sportlichen und dichterischen Wettkämpfen, dessen Höhepunkt die feierliche Prozession auf die Akropolis und die Einkleidung des Standbildes der Athena mit einem neuen Peplos bildete, den die Frauen im Winter gewebt hatten.

Das christliche Osterfest wird am Sonntag nach dem ersten Vollmond gefeiert, der auf die Frühlings-Tagundnachtgleiche folgt.

Freudenzauber für die Vorosterzeit

Feiern Sie den Wechsel von der winterlichen Zurückgezogenheit zum aktiveren Leben im Freien am heutigen Tag mit einem klassischen Osterspaziergang. Bringen Sie einen knospenden Zweig mit nach Hause. Behängen Sie ihn mit Ostereiern, wenn Sie wollen, oder mit bunten Schleifen, und verbinden Sie alles, was Sie daran hängen, mit einem Wunsch oder einem Ziel, das Sie sich für die hellere Zeit dieses Jahres setzen. Beziehen Sie in diesen Zauber auch Ihre Kinder ein, wenn sie noch klein sind – lassen Sie sie Eier bemalen oder Wünsche formulieren.

Die Termine für die beiden folgenden Tipps sind beweglich:

Kleiderwechsel am Palmsonntag

Einem alten Aberglauben zufolge müssen Sie heute ein frisches Hemd tragen. Wenn Sie in das gestern getragene Hemd schlüpfen, bringt das Unglück.

Frottieren Sie mit einer Trockenbürste Ihre gesamte Körperhaut und stellen Sie sich vor, wie mit den alten Hautschuppen auch der letzte Rest des Winters von Ihnen abfällt. Baden oder duschen Sie, cremen Sie sich danach gut ein und schlüpfen Sie dann in ein frisch gewaschenes, sauber duftendes Hemd. Streifen Sie es wie eine neue Haut über.

Kräuter und Vitamine am Gründonnerstag

Feiern Sie die Auferstehung des Lebens mit alten Bräuchen. Beginnen Sie gleich in der Frühe mit einem Apfel und stellen Sie sich vor, wie seine frische, knackige Säure Ihre Zähne vom Belag des Winters befreit, ohne Ihren Zahnschmelz anzugreifen. Bitten Sie diesen Apfel, Sie das ganze Jahr vor Zahnschmerzen zu schützen.

Ein Schritt im Kampf gegen die Frühjahrsmüdigkeit ist die Grüne Kräutersauce (siehe Seite 123). Wenn Sie sie nicht mit Pellkartoffeln essen wollen, essen Sie sie doch zu einer Brezel. Dieses großartige Gebäck verbindet den Knoten gegen allerlei Unglück mit der magischen Bedeutung des Salzes. Sie sollten daher heute zumindest eine Brezel aufhängen, falls Sie sie nicht essen wollen.

30. April/1. Mai: Walpurgisnacht, Beltane

Die Nacht auf den ersten Mai ist das frühlingshafte Pendant zur Nacht auf den ersten November, in der bekanntlich allerlei Geister unterwegs sind.

Der legendäre Tanz der Hexen auf dem Blocksberg ist die finstere, geheimnisumwitterte Version der ausgelassenen Frühlingsfeiern, die in dieser Nacht Tradition haben. Ihr großes Thema ist Fruchtbarkeit und Sinnlichkeit und der Bruch mit den Konventionen von Sitte und Anstand.

Eine in unserer Kultur beheimatete Form dieser Frühlingsfeiern ist der Ackerbeischlaf in den frisch gepflügten Furchen, der die Fruchtbarkeit der Menschen auf die Felder übertragen sollte. Auch der Tanz um den Maibaum endet meist in ausgelassener Fröhlichkeit.

Ein Fest für die Liebe

Wenn Sie allein sind, kochen Sie sich heute Ihre Lieblingsspeise und verwöhnen Sie sich einmal so richtig von ganzem Herzen. Oder fassen Sie sich ein Herz und laden Sie für heute jemanden ein, mit dem Sie schon lange gern liebevoll verbunden wären.

Wenn Sie einen Partner oder eine Partnerin haben, feiern Sie Ihre Liebe bewusst als Fest – wie Ihren ersten Abend.

21. Juni: Sommersonnenwende, Mittsommer

Auch wenn es mit der Sommersonnenwende oft erst richtig Sommer wird, ist der „wachsende“ Teil des Jahres damit vorbei. Bei den Griechen übernahm nun Dionysos, der Gott des Weins und der Mysterien, von Apollon, dem Sonnengott, die Herrschaft über die Erde. Nun beginnt die Zeit des Reifens und der Ernte.

Solche Übergangszeiten sind immer gefährlich. Die Berge öffnen sich, Elfen und Zwerge sind unterwegs und natürlich allerlei Dämonen. Zu Ehren des Sonnengottes, dessen Herrschaft nun zu Ende geht, werden Feuer entzündet, in denen die Dämonen der Finsternis, die der kommenden Ernte schaden könnten, verbrennen, wenn man hindurchspringt.

Von Hoffnung zu Vertrauen

Wenn Sie große Pläne haben, ist jetzt die Zeit, sie vertrauensvoll den Kräften des Universums anzuvertrauen. Sie haben in der ersten Jahreshälfte aktiv an ihrer Umsetzung gearbeitet und sie voller Hoffnung gepflegt. Nun stellen Sie sich vor, wie Sie sie loslassen, auf dass sie ohne Ihr Dazutun reifen und Früchte tragen.

Schreiben Sie Ihren Wunsch auf, malen Sie ihn oder modellieren Sie ihn, und dann übergeben Sie ihn ruhig, konzentriert und voll Vertrauen dem Feuer oder jenem Element, von dem Sie glauben, dass es Ihnen die meiste Unterstützung geben kann.

Gesundheitsvorsorge für Mittsommer

An diesem Tag sollten Sie traditionsgemäß Beifuß sammeln, ihn zu einem Gürtel drehen oder flechten, ihn den ganzen Tag tragen und am Abend in das Johannisfeuer werfen – dann verbrennen Sie alle Krankheiten gleich mit.

Als Großstadthexe sollten Sie zumindest aus einer Beifußpflanze vom Markt oder aus Ihrem Balkonkasten einen symbolischen kleinen Kranz winden, diesen anzünden und mit ihm Ihre Wohnung oder zumindest Ihr Schlafzimmer räuchern.

15. August: Mariä Himmelfahrt

Am Beginn des „Frauendreißigers“, der Tage bis Mariä Geburt (8. September), die unter besonderem Schutz stehen, sollten Sie Kräuter sammeln. Für ein Schutzbündel, das Sie getrocknet aufbewahren, suchen Sie möglichst eine Königskerze, Beifuß, Immergrün, Liebstöckel, Kamille, Rosmarin, Schafgarbe, Thymian und Labkraut. Sie können ab heute auch Ihren Jahresbedarf an Kräutern ernten und trocknen.

21. September: Herbst-Tagundnachtgleiche

Der offizielle Herbstanfang ist zugleich der Tag, an dem die Sonne in das Zeichen der Jungfrau eintritt. Persephone kehrt nun zu ihrem Gatten Hades in die Unterwelt zurück, die Vegetation zieht sich langsam zurück, und die Samen reifen, aus denen im Frühjahr neues Leben keimen wird.

Vorräte für den Winter

Was fehlt Ihnen im Winter am meisten? Licht? Wärme? Sonne? Die Farben? Was es auch ist: Jetzt ist die Zeit ideal, sich damit einzudecken. Fertigen Sie sich ein Sommeramulett, in das Sie all das verarbeiten, was für Sie den Sommer verkörpert.

Reisegepäck für die Seele

Schauen Sie, ob Sie einen kleineren Flaschenkürbis bekommen. Hängen Sie ihn an einer luftigen Stelle auf und lassen Sie ihn trocknen. Spätestens im kommenden Winter haben Sie dann eine wunderbare Rassel für Reisen in die Welt der Träume und Visionen. Bemalen Sie seine getrocknete, gelbe Haut mit Symbolen oder Mustern, die für Sie jene Kräfte vertreten, mit denen Sie Kontakt suchen.

1. November: Allerheiligen, Samhain

Die Nacht vor dem 1. November – wir kennen sie auch als Halloween – gehört zu jenen Nächten, in denen das Tor zwischen den Welten weit offen steht und die Geister aller Heiligen und Toten umherschwirren und selbst Kinder mit „Schoko oder Schabernack“ drohen. Diese Nacht markiert den Beginn des Hexenjahres und ist wie der klassische Neujahrstag ein passender Zeitpunkt für Orakel und Weissagungen.

Folgen Sie dem Brauch, einen Kürbis auszuhöhlen, ihm eine Fratze hineinzuschneiden und ihn mit einem Teelicht im Bauch draußen oder auf dem Fensterbrett aufzustellen. Und aus seinem Fruchtfleisch kochen Sie nun eine ganz besondere Suppe:

Kürbissuppe für Halloween

1 Zwiebel, etwas Öl
400 g ausgelöstes Kürbisfleisch
1/2 l klare Brühe
2 Lorbeerblätter
3 Knoblauchzehen
Salz
1 Schuss trockener Weißwein
Kümmel
Pfeffer
100 g Crème fraîche

Die Zwiebel würfeln und in etwas Öl anschwitzen, das Kürbisfleisch klein schneiden und dazugeben, kurz andünsten, mit Brühe aufgießen und mit den Lorbeerblättern, dem zerdrückten Knoblauch und Salz aufkochen lassen. Einen Schuss Wein dazugeben und mit Kümmel und Pfeffer abschmecken. Die Suppe vom Herd nehmen und ziehen lassen. Vor dem Servieren wieder erhitzen und mit Crème fraîche verfeinern.

Unternehmen Sie nun einen fein gruseligen Spaziergang durch Nebel und Sturm und genießen Sie dann die Rückkehr in die Welt der Wärme und des Lichts, indem Sie die Suppe erhitzen und mit Crème fraîche verfeinern.

Götterspeise

Zum Nachtisch verzehren Sie einen Granatapfel oder, wenn Sie den nicht mögen, einen Bratapfel. Beide „Äpfel" stehen für Verführung. Der Granatapfel ist jene Frucht, die Hades

Persephone vorsetzte, nachdem er sie in die Unterwelt entführt hatte. Mit seinen vielen Kernen verkörpert er zugleich die Fruchtbarkeit – wie die Göttin selbst, die jedes Jahr im Frühling wieder auf die Erde zurückkehrt.

21. Dezember: Wintersonnenwende

Vier Tage nach den römischen Saturnalien, einem Hauptfest zu Ehren der Wiedererstarkung der Natur, ist die Zeit der länger werdenden Nächte vorüber. Die Römer begingen diese Wende mit einer Götterbewirtung und mit einer verkehrten Welt, in der die Ordnung, für die Saturn stand, auf den Kopf gestellt wurde: Herren bedienten ihre Sklaven und mussten sich manche Wahrheit sagen lassen.

Doch anlässlich der Saturnalien schenkten die Reichen den Armen auch Wachslichter, die die Wiederkehr des Lichts symbolisieren sollten. Dieses Thema liegt auch dem christlichen Fest der Geburt Christi zugrunde, das drei Tage später gefeiert wird.

Lichtzauber zur Wintersonnenwende

Verbringen Sie heute einmal einen Abend ganz ohne elektrischen Strom. Wenn es draußen dunkel wird, lassen Sie es auch in Ihrer Wohnung dunkel werden.

Spüren Sie in die Dunkelheit hinein. – Was löst sie in Ihnen aus? Wovor fürchten Sie sich? An welche Geisterwesen aus Ihrer Kindheit können Sie sich noch erinnern? – Machen Sie auch einen nächtlichen Spaziergang im Dunkeln und zünden Sie nach Ihrer Rückkehr ganz bewusst eine Kerze an. Tragen Sie das Licht weiter, entzünden Sie damit weitere Kerzen und feiern Sie die Wiederkehr des Lichts in dieser Nacht.

31. Dezember: Silvester

Diese Nacht ist als Übergangszeit zwischen zwei Jahren eine Zeit, in der viel möglich ist. Nicht nur, dass draußen die Geister geradezu scharenweise umhertollen, weshalb Sie sie ja mit Licht und Lärm um Mitternacht vertreiben. – Sie können auch verschiedene Dinge in Gang setzen, indem Sie heute das Richtige tun. Alles, was aus dem alten Jahr unerledigt übrig blieb, sollten Sie abschließen.

Zwei Geldzauber für die Silvesternacht

Der eine Geldzauber findet eher im Kopf statt, der andere kommt dem Magen zugute. Um für finanzielle Sicherheit zu sorgen, legen Sie einfach in der Silvesternacht Ihr Geld auf den Tisch, stellen Sie einen Spiegel dahinter und lassen vor Ihrem inneren Auge das Bild entstehen, dass Sie im nächsten Jahr stets genug Geld haben werden.

Weniger Phantasie, aber mehr Zeit beim Kochen benötigen Sie, wenn Sie Karpfen auf den Speiseplan setzen. Lassen Sie ihn vom Fischhändler ausnehmen, aber nicht schuppen. Die Karpfenschuppen (ein gewöhnlicher Spiegelkarpfen hat ohnehin nur ganz wenige) spülen Sie unter fließendem Wasser ab und stecken Sie dann jedem Familienmitglied in die Geldbörse. Solange diese Silberlinge darin sind, werden die Geldbeutel niemals leer werden.

Literatur

Ulrike Ascher: *Hexen-Einmaleins für freche Frauen,* Kreuzlingen/München 2000

Ulrike Ascher: *Liebes-Einmaleins für freche Frauen.* Kreuzlingen/München 2001

Dieter Beckmann/Barbara Beckmann: *Das geheime Wissen der Kräuterhexen,* München 1997

Zsuzsanna E. Budapest: *Die Göttin im Büro,* München 1994

Zsuzsanna E. Budapest: *Die Göttin im Schlafzimmer,* München 1995

Zsuzsanna E. Budapest: *Das magische Jahr,* München 1996

Christoph Daxelmüller: *Aberglaube, Hexenzauber, Höllenängste. Eine Geschichte der Magie,* München 1996

Barrie Dolnick, Julia Condon, Donna Limoges: *Erotischer Hexenzauber,* München 1999

Sandra Ferber: *Das Hexen-Einmaleins für freche Mütter,* Kreuzlingen/München 2002

Luisa Francia: *Auf der anderen Seite der Haaresbreite,* München 1994

Luisa Francia: *Die 13. Tür,* München 1997

Luisa Francia: *Der wilde Blick,* München 2000

Rosalinde Haller: *Magie der Freude,* St. Pölten 2002

Liselotte Hansmann/Lenz Kriss-Rettenbeck: *Amulett, Magie, Talisman,* München 1977

Anita Höhne, Dr. Leonhard Hochenegg: *Ein Rezeptbuch für die Lust,* München 1999

Matthias Mala: *Das Gänseblümchen-Orakel,* Kreuzlingen/München 2001

Matthias Mala: *Das Liebesorakel,* Kreuzlingen/München 2002

Enrico Malizia: *Das Hexenrezeptbuch,* München 2000

Sue Minter: *Der heilene Garten,* Köln 1996

Maurice Mességué: *Lernen wir wieder zu lieben,* Frankfurt 1990

Claudia Müller-Ebeling, Christian Rätsch, Wolf-Dieter Storl: *Hexenmedizin.* Aarau 1998

Ulrike Müller-Kaspar: *Katzen, Kröten, Schornsteinfeger. Das kleine Handbuch des Aberglaubens,* Kreuzlingen/München 2001

Ulrike Müller-Kaspar/Elfriede Hammerl: *Den Haushalt managen,* Wien 2001

Nicola de Pulford: *Geheime Zaubersprüche,* Niedernhausen 1999

Wolf-Dieter Storl: *Pflanzendevas. Die geistig-seelischen Dimensionen der Pflanzen,* Aarau: AT Verlag 1997

Christian Thuile/András Varga: *Gefährliche Strahlungen,* Wien, Molden 2000

Register

Gilly Sergiev

Feen begegnen

Die wunderbare Welt der magischen Wesen

128 Seiten, gebunden mit Schutzumschlag
ISBN 3-7205-2438-8

Haben Sie schon einmal eine Fee gesehen?

Die Welt ist voll von Ihnen – aber nur, wenn man an sie glaubt! Ob Nymphen, Gnome oder Elfen, jede Art des Feenvolkes besitzt eine einzigartige Persönlichkeit und eine Gabe für die Welt der Menschen. Gilly Sergiev entführt Sie in die geheimnisvolle »Anderswelt« des Feenlandes und stellt Ihnen ihre magischen Bewohner vor. Sie enthüllt die Mysterien dieser wundersamen Wesen und lehrt Sie, mit ihnen Kontakt aufzunehmen.

Ein zauberhaftes Geschenk für all jene, die Feen in ihrem eigenen Leben willkommen heißen wollen.

KAILASH